中小企業がIoTをやってみた

試行錯誤で獲得したIoTの導入ノウハウ

岩本　晃一、井上　雄介 編著

日刊工業新聞社

はじめに

第4次産業革命では、現象の本質を理解することが重要

　最近の新聞には、「モノのインターネット（IoT ; Internet of Things）」、「ビッグデータ（Big Data）」、「人工知能（AI ; Artificial Intelligence）」という言葉が毎日のように踊っている。いまや世の中は一種のブームの状態にあるといえよう。だが、読者の皆様は、これらの言葉が一体、何を意味しているか、正確に理解した上で新聞記事を読んでいるのだろうか。

　たまに、これらの言葉の定義は何かと聞かれるが、筆者は、これらの言葉の定義を議論することは、ほとんど意味がないと思っている。なぜなら、議論しても結論にたどり着くことがないからだ。例えば、「ビッグデータ（Big Data）」といっても、何が「Big」で、何が「Small」なのか、その基準はどこにあるのか、わからない。また、「モノのインターネット（IoT ; Internet of Things）」という言葉は、大きな誤解を生んでいる。すなわち、IoTを導入すると、インターネットに接続しなければならず、外部からのウイルスの侵入やハッカー攻撃に晒されると思い込み、そうした誤解のため、IoT導入の検討を躊躇する人が多いと感じている。だが、実際はそうではない。

　工場の内部にIoTを導入する場合、工場のなかだけで閉じたネットワークで十分であり、必要もないのにあえてウイルスの侵入やハッカー攻撃に晒されるインターネットに接続する必要はどこにもない。IoTの所有者の意に反して、無理矢理インターネットに接続させようという強制力はどこにも存在しない。嫌なら接続しなければいいだけである。一部では、IoTとは、親会社や取引先と接続することであり、自分の会社の内部情報が相手方にばれてしまうと信じ込んでいる人もいる。

　もし仮に外部と接続する必要性があったとしても、大手通信会社が販売しているIoT専用回線に接続すればよい。この場合もまた、ウイルスの侵入やハッカー攻撃に晒されるインターネットに無理矢理接続する必要はない。会社や社員の安全を守るために、資金を投じて警備員を雇って治安を確保する

のと同様、ネットワークの安全を守るためには、資金を投じる必要がある。先日、「無料のソフトウエアをパソコンにダウンロードしてインターネットに接続したが、セキュリティは大丈夫でしょうか」と聞かれたことがあったが、これなどは「警備員を雇わなくても会社や社員の安全は大丈夫でしょうか」といっているようなものだ。

　人工知能AIに至っては、話をする人によって、イメージする対象がすべて違う。かつて世の中にコンピュータという機械が生まれ、「データ処理（Data Processing）」する機械であると説明されてきた。そもそも「データ処理」自体が、オリジナル・データに何らかの付加価値を付ける作業であり、現代風にいえば、人工知能である。その付加価値が、一体、どのくらい大きければ「人工知能」と呼ぶのか、そこの基準は何もない。最近の新聞に載っている「人工知能」は、これまで「最適制御」と呼ばれていたものと一体どこがどう違うのか、よくわからない。

　一応、「人工知能」は、機械学習、パターン認識、推論機能、という3つの機能を持ったプログラム（アプリケーション・ソフトウエア）であるといわれてきた。最近、コンピュータの処理速度が速くなり、かつ記憶容量が大きくなったお陰で、機械学習は「深層学習、ディープラーニング（Deep Learning）」と呼ばれるようになった。2016年、深層学習のお陰で人工知能が「猫」を認識できるようになった、とAIエンジニアは大騒ぎをした。だが、同年、米国自動車メーカーのテスラ・モーターズが自動運転の実験中、人工知能が、前に駐車してあった白のトレーラを、青空と判断して、トレーラに突っ込み、同乗者が死亡する事件があった。筆者は、人工知能の研究者に会うたびに、自動運転の次に来る商業化・実用化される技術は何か、と聞いているが、誰も答えてくれない。まだ人工知能の技術レベルもこの程度であることを、読者の皆様は、知っておいてほしい。

　日本では、最近まで、ユビキタス、IT（Information technology）、ICT（Information and Communication Technology）という言葉が使われていたが、これらと、IoT、ビッグデータ、AIとの違いを明確に説明できる人はまずいないだろう。それが示すように、IoT、ビッグデータ、AI、ユビキタス、IT、ICTという言葉を正確に定義しようとしても、それ自体が曖昧な

のである。だから、筆者は、これらの言葉の定義を議論することは、生産的ではないと思っている。

ところで、欧米の専門家は、IoT、ビッグデータ、AI、ユビキタス、IT、ICTのように縦割りに分断化するような言葉は、ほとんど用いない。彼らが使用する言葉は、デジタル化（Digitalization）、コンピュータ化（Computerization）、ネットワーク化（Networking）である。彼らにとっては、IoTもAIもITも関係ないのである。彼らの目に映っている時代の大きな技術変化とは、「アナログをデジタルに置き換えていくこと」であり、人間の活動のなかに「コンピュータを導入すること」であり、別々に稼働していた機械を「ネットワークで接続すること」なのである。筆者には、こちらの表現こそが、いま目の前で現実に起きている物事の変化を正確に捉えていると思う。ここにこそ、物事の本質がある。

先述したように、IoT、ビッグデータ、AI、IT、ICTという曖昧な言葉に惑わされて、自分の会社に導入すべきものの本質を見失った中小企業の経営者を見かけたことがあるが、物事の本質を見極めて欲しいと考えている。

なぜ「第4次産業革命」に世界中が騒いでいるのか

時代の大きな技術変化の本質が、「デジタル化、コンピュータ化、ネットワーク化」であるならば、この世にコンピュータが誕生して以来、その本質は何も変わっていない。にもかかわらず、なぜ、いま、世界中の人々が、「第4次産業革命だ！」と大騒ぎをしているのだろうか。それを説明するには、ムーアの法則を理解する必要がある。

ムーアの法則とは、インテル創設者の一人であるゴードン・ムーアが発表した経験則であり、この法則が意味するのは「コンピュータの処理速度や蓄積容量は、時代とともに、累乗的に増加していく」というものである。確かに、過去、ムーアの法則は事実と合っていた。現在のスマートフォンは、筆者が学生時代、大学の大型計算機センターで使っていたスーパーコンピュータよりも処理速度が速く、蓄積容量が大きい。筆者の学生時代、一体誰が将来、手のひらに乗るわずか数万円のスーパーコンピュータが出現するなどと想像しただろうか。

そのムーアの法則に従えば、1995年のインターネット元年から今日までの約20年間に起きた変化の何倍もの規模の変化が、向こう20年間程度で起きると予想されている。すなわち、いま神戸にあるスーパーコンピュータ「京」が、近い将来、手のひらサイズになり、数万円で買えるようになる可能性がある。そうすると、私たちの生活やビジネスは劇的に変わるだろう。

　これまでの約20年間で、事務分野ではパソコンやタブレットが、個人生活分野では携帯電話やスマートフォンなどが出現し、これまで出来なかったことが新たに出来るようになり、仕事の仕方やライフスタイルが劇的に変化するという歴史を私たちは体験してきた。十数年前には存在すらしていなかったスマートフォンを、人々は今では当たり前のように使いこなし、スマートフォンは私たちの日々の生活に深く浸透している。

　また、多くの新しいビジネスや企業が生まれ、膨大な雇用を創出してきた。例えば、膨大なアプリ、ネット金融、ネット販売、SNS、検索エンジン、音楽配信など新しいビジネスを生み出し、グーグル、ヤフー、アマゾン、フェイスブック、マイクロソフト、楽天、ソフトバンクなどの様々なベンチャーが急成長し、若者が活き活きと働く多くの職場を創出し、膨大な新規雇用を生み出してきた。だが、こうした現象は、第4次産業革命時代のほんの入口でしかない。

　いま正に離陸しようとしている第4次産業革命では、今後、あらゆる分野において、「デジタル化、コンピュータ化、ネットワーク化」が進み、かつ知能を持つことで、これまで出来なかったことが新しく出来るようになり、さらに多くの新しいビジネス・企業が生まれ、雇用が生まれることが予想されている。十数年前に存在すらしていなかったスマートフォンが、いまや生活必需品になっているように、いまどこにも存在していない機器が、5年後には私たちの生活の一部になっている可能性がある。すなわち、そこに大きな市場の予感がするのである。

　だからこそ、世界中の人々が、商機（いや、勝機かも）を得ようと必死になっている。そうした大きな変革の時代にあっては、時代の流れに逆らうのではなく、時代よりもさらに1歩先を走ることが、ビジネスの成功の秘訣である。

大きな商機を逃さぬよう目標を定めることが大切

　ところで、IBM研究所は、同社の製品を納入している世界の大企業のCEOを対象にした1～2年おきの定期調査を実施している。最近の調査は、Redefining Boundaries, IBM Institute for Business Value, November 2015である（調査概要；70ヶ国以上、21産業分野、5,247人のCxOsから回答、個別面談も実施）。その調査のなかで、今後、企業に最も大きく影響を与える外部要因を質問している項目がある。それに対して、世界のCEOは、営業でも財務でもどれでもなく、「技術」であると回答している。今後、企業に最も大きく影響を与える外部要因の第1位が、「技術」となったのは、2012年調査が初であるが、その後、2013年調査、2015年調査と継続的に第1位を維持している。

　それでは、その「技術」とは具体的に何か。残念ながら、IBM研究所の調査は、「技術」の具体的な中身までは明らかにしていない。しかし日本では、「IoT」と「人口知能」の2つの「技術」が今後の企業競争の勝敗を決すると多くの経営者がみているのである。

　また産業構造審議会新産業構造部会資料によれば、「2013年～2022年でIoTが創出する分野別の経済価値（世界市場）」[注1]は、製造業分野が最も大きく3.9兆ドル、第2位が流通・小売・物流分野で2.3兆ドル、金融分野が1.3兆ドル、医療健康分野が1.0兆ドルなどと続いている。

　2017年2月、「Digital Transformation；How information and communication technology is fundamentally changing incumbent industries」というレポートがドイツから発表された。この調査は、ドイツ連邦政府経済エネルギー省がミュンヘン大学とミュンヘン工科大学に委託して両大学が共同実施したものである。実際のインタビューは、シーメンスの各国法人がサポートした。ドイツ、EU、米国、日本、中国、韓国の199人を対象に約2年

（注1）「経済価値」とは、IoTサプライヤーの売り上げ増だけでなく、IoTを導入する企業において、効率化を通じて実現されるコスト削減や新ビジネス創出に伴う売り上げ増などのユーザー側の経済効果も含めた全体的な効果をいう。

間かけてインタビューしたものである。筆者は、2016年11月、本調査の実施者であるミュンヘン大学アーノルド・ピコー教授を訪問した際、同教授から、報告書の結論について、次のように説明を受けた。すなわち、「報告書は、世界の新しいデジタルビジネスが一体どの方向に向かっているかを調べたものである。企業はデジタル技術を、企業と顧客をつなぐ接続部、すなわち従来と比べ、さらに新たな接続の機会を増やすという形で使おうとしている。言い換えると、顧客が一体何をもっと欲しているか、という情報を取り、さらに一層顧客の要望にカスタマイズして提供することにデジタル技術を使おうとしている。ということは、今後は、企業がいかに顧客にカスタマイズしたものを提供できるか、というところで企業の勝敗が決まっていく、ということに要約される」とのことであった。本書の読者は、時代の流れがこのような方向に向かって流れていることを知っていただきたい。

経済産業研究所「IoTによる中堅・中小企業の競争力強化に関する研究会」

　このように大きな市場の予感がする第4次産業革命であるため、今日、新聞に、毎日のように、IoTに関する記事が載るほど、多くの企業が夢中になっている。だが、残念ながら、それらはほぼ例外なく大企業である。日本の中小企業の現場に新たに本格的なIoTを全面的に導入したという事例はほとんど聞かない。

　全国各地で中小企業支援を業務としている方々は、口々に、「なぜ中小企業にIoT導入が進まないのか、わからない」「一体、どうすれば中小企業はIoTを導入するのか」という。だが、その答えはシンプルである。すなわち、その理由は、「よくわからない」の一言に尽きる。「よくわからない」には2通りの意味があり、1つ目は、「技術が難しくてよくわからない」、2つ目は、「自分の会社にどのようなメリットがあるのかよくわからない」という意味である。

　その壁を乗り越えないと、日本におけるIoTは、全企業数の99.7％を占める中小企業の生産性を高めることなく終わってしまう。IoTによる恩恵は、全国津々浦々にまで広がらなければならない。

　そこで、筆者は、経済産業研究所において、自身が主宰する「IoTによる

中堅・中小企業の競争力強化に関する研究会」（以下、IoT研究会）を2016年4月から開催してきた。モデル企業としては、初年度はまず中小企業の基本形である「製造業の工場のなか」をIoTの対象とし、日東電機製作所、正田製作所、ダイイチ・ファブ・テック、東京電機に参加を願った。4社とも機械系の製造業であるが、うち2社は最終製品を作っているBtoCの形態であり、他の2社は企業に納入する部品を作っているBtoBの形態である。BtoCとBtoBでは、IoT導入の形態や分野が異なっている可能性があるため、このようにバランスをとった。

研究会メンバー；
〈モデルケースとなる中堅・中小企業〉
　青木和延　株式会社日東電機製作所　取締役会長
　正田勝啓　株式会社正田製作所　代表取締役会長
　金森良充　株式会社ダイイチ・ファブ・テック　代表取締役
　鈴木清生　株式会社東京電機　技術グループ新エネ開発チーム課長
〈IoTシステム提供側〉
　高鹿初子　富士通株式会社　ものづくりビジネスセンターものづくりプロモーション企画部
　角本喜紀　株式会社日立製作所　産業・流通ビジネスユニット企画本部研究開発技術部長
　藤田英司　三菱電機株式会社　FAシステム事業本部 e-F@ctory戦略プロジェクトグループ専任（2016年12月まで）
　吉本康浩　三菱電機株式会社　FAシステム事業本部 FAソリューション事業推進部 FAソリューションシステム部 技術企画グループ 主席技師長（2017年1月から）
〈識者〉
　澤谷由里子　東京工科大学大学院バイオ・情報メディア研究科教授
　木本裕司　トーヨーカネツソリューションズ株式会社　エグゼクティブ・フェロー（前ジェトロ・ベルリン所長）
　久保智彰　ロボット革命イニシアティブ協議会事務局長

山路薫　日刊工業新聞社　茨城支局長・茨城産業人クラブ事務局長

※所属・役職は2017年8月1日のもの

　当研究会で採用した手法は、「モデル企業のケーススタデイの積み上げ方式」である。

　これまで、筆者の経験上、提示された他社の「導入成功事例」を見るだけで、IoT投資を決断する中小企業の経営者は、まずいない。なぜなら、他社の最終的な完成形だけ見せられても、「あの企業は、あのやり方でよかったかもしれない。だが、自分の会社は違う」「あの会社は、スムーズにIoT導入を実現できたはずはない。途中で多くの壁にぶち当たり、紆余曲折があったに違いない。IoTを導入しようとすれば、自分の会社にも、どのような困難が待ち構えているかわからない」「あの会社は壁を乗り越えたかもしれないが、自分の会社は果たして壁を乗り越えられるかどうかわからない」と不安を持ったとたんに、一歩踏み出すことができなくなる。得体の知れないものを導入して、自分の会社がめちゃくちゃになったら困るからだ。

　筆者が地方で中小企業向け講演をしても、「ああ、面白かった」「本日は大変面白い話しを聞かせていただき、ありがとうございました」で終わってしまい、講演をきっかけに具体的な行動を起こした、という例は聞いたことがない。

「研究会」での試行錯誤のノウハウを公開

　古くなった設備の更新や同じ設備の増設などは、設備導入後の状況を理解できるため、導入が進む。

　だが、IoTは、中小企業の社長にとって、未経験の新しいシステムであり、自社が使いこなせるのか、もし使いこなせなかったらどうなるのか、技術をきちんとコントロールできるのか、果たして投資を回収できるのか、現場は大丈夫か、などなど、不安は尽きない。その不安を解消しない限り、中小企業の社長は、IoT投資を決断できない。

　そこで、研究会では、モデル企業を取り上げ、検討の途中経過のノウハウを「すべて公開」することで、全国の中小企業の社長に、自社の現実の問題

として実感していただきたいと考えた。途中の検討経過とは、例えば、どのような困難が待ち受けていたか、その困難をどのように乗り越えたか、どのような検討が俎上に載ったか、検討の上、廃棄した投資案は何か、その理由は何か、最終的に社長が判断した投資の内容は何か、その理由は何か、投資対リターン（ROI：Return on Investment）[注2]の数字はどうか、などである。

本書は、こうした過去1年間の検討結果、得られたノウハウを、全国の中小企業の経営者、中小企業へのIoT導入を考えている企業の人、中小企業支援を業務として行っている全国都道府県の自治体、産業支援機関、公設試験研究機関（地方公共団体が設置した試験所や研究所）等に公開すべく、書籍として出版するものである。

第2章は、研究会に参加したモデル4社に対するインタビューをまとめたもの、第3章は、IoTシステム提供企業からの助言、第4章は、研究会に参加した識者からの提言である。

今年度は、日本に最も多い「機械系の製造業」を取り上げ、かつIoTの基本である「工場のなか」を対象とした。BtoBのビジネスを行っている企業を2社、BtoCのビジネスを行っている企業を2社である。まずは、日本の産業の基礎の部分を対象とすることが重要と考えた。だが2年度目（2017年度）は、「機械系製造業の工場のなか」以外なども取り上げ、ケーススタディとして積み重ねていきたい。

2017年9月

執筆者代表　岩本　晃一

(注2) ROIとは、投資した金額に対して得られた利益のことを指す。

中小企業がIoTをやってみた

目　次

はじめに ……………………………………………………………………… i

第1章　中小企業へのIoT導入の難しさ

1-1　中小企業が持つ6つのハードル ……………………………………… 2

- **ハードル❶**　平行線の議論から始めないといけない…………………… 2
- **ハードル❷**　自分の会社が抱える具体的な「課題」がわからない … 3
- **ハードル❸**　現場の抵抗を抑えないといけない ……………………… 4
- **ハードル❹**　社長自身が決めないといけない ………………………… 5
- **ハードル❺**　労働集約的な生産活動を前提としないといけない…… 5
- **ハードル❻**　システムエンジニアがいない …………………………… 6

1-2　中堅・中小企業へのIoT導入成功事例に見る共通要因 … 6

- 1-2-1　三浦工業 ………………………………………………………… 7
- 1-2-2　キュービーネット株式会社 …………………………………… 9
- 1-2-3　旭酒造　獺祭 …………………………………………………… 13

第2章　中小企業がIoTをやってみた

2-1　IoTで経営課題に挑戦 ―株式会社日東電機製作所 ……………16

- 2-1-1　IoT導入のきっかけ ……………………………………………18
- 2-1-2　IoT導入の過程 …………………………………………………21
- 2-1-3　導入の成果・結果 ………………………………………………30

2-2　サービス向上に向けた IoT 化への取組み ―株式会社東京電機 …36
2-2-1　IoT 導入のきっかけ …37
2-2-2　IoT 導入の過程 …40
2-2-3　IoT 化による課題へのアプローチ …41
2-2-4　導入の成果・結果 …47

2-3　IoT はきっかけにすぎない ―株式会社正田製作所 …52
2-3-1　IoT 導入のきっかけ …54
2-3-2　IoT 導入の過程と成果 …57
2-3-3　IoT の導入に向けて …65

2-4　多品種少量生産の小規模工場にとって IoT とは？
―株式会社ダイイチ・ファブ・テック …70
2-4-1　IoT 導入のきっかけ …72
2-4-2　IoT 導入の過程と成果 …75
2-4-3　IoT を実際に導入してみて …83

第3章　IoT でここまでできる

3-1　中小企業で IoT を導入するために
3-1-1　IoT を知る …90
3-1-2　IoT でできること …94
3-1-3　IoT の取組み方 …99

3-2　画像解析技術の応用 …102
3-2-1　中堅・中小企業の状況 …102
3-2-2　IoT 技術の具体事例 …104
3-2-3　IoT 導入に向けた課題 …109

		3-2-4	AI の可能性	109
		3-2-5	おわりに	111
	3-3	製造業における IoT 活用の必要性		112
		3-3-1	現状分析	112
		3-3-2	中小企業における課題	113
		3-3-3	事例紹介	117
		3-3-4	IT や IoT を導入するためには	122

第4章　中小企業が IoT を導入・活用するために

4-1	中小企業への導入を促す対策		124
	4-1-1	研究会の議論を通じて浮かび上がってきた課題	124
	4-1-2	モデル 4 社が導入を表明した IoT システム	129
	4-1-3	研究会を振り返って；政策提言	129
	4-1-4	企業に円滑な IoT 導入を促す中長期的対策	131
	4-1-5	大きく落ちた日本の製造業の実力	136
4-2	IoT 導入におけるデザインの重要性		143
	4-2-1	IoT 開発モデル	144
	4-2-2	IoT によるインパクト	146
	4-2-3	IoT 時代のデザイン	149
4-3	つながる工場		151
	4-3-1	世界のトレンドと日本の対応	151
	4-3-2	デジタル時代のつながる現場とは	152
	4-3-3	工場間がつながることで得られるメリットと課題	157
	4-3-4	つながる中小企業に向けて動き出そう	162

- 4-4 ミッテルシュタント 4.0
  ―ドイツのインダストリー 4.0 政策と中小企業 ……… 165
  - 4-4-1 CeBIT2017 にて ……………………………………… 165
  - 4-4-2 インダストリー 4.0 ………………………………… 166
  - 4-4-3 中小企業 4.0 と労働 4,0 …………………………… 169
  - 4-4-4 インダストリー 4.0 の変容と日独協力 …………… 170
  - 4-4-5 RIETI 研究会から見た日本のミッテルシュタント 4.0 … 172

- 4-5 中堅・中小製造企業支援
  ―ロボット革命イニシアティブ協議会の活動 ……… 174
  - 4-5-1 G20 Digital Manufacturing / CeBit の概要 ……… 174
  - 4-5-2 第 4 次産業革命に挑戦する中堅・中小製造企業支援 ……… 182

おわりに ………………………………………………………… 189
編著者紹介・執筆者一覧 ………………………………………… 196

第1章

中小企業への
IoT導入の難しさ

／岩本晃一

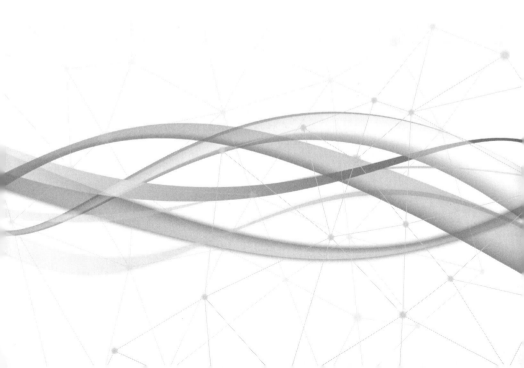

1-1
中小企業が持つ6つのハードル

　まず、ほとんどの中堅・中小企業の社長は、IoTなどという「よくわからない」ものに近づこうとしない。

　今、何も困っていないし、得体の知れないものに手を出したばかりに現場が大変なことになったら困るからだ。

　しかも日本の中小企業の動きは受動的である。それは、「系列」という日本的な特殊環境の下で、長年、培われた経験則のようなものである。本当に必要な技術であれば、系列の親会社から、導入せよ、と連絡が来る。連絡が来てはじめて、それに自分の会社はどう対応するか、受け身で考えてきた。ましてや、親会社から何の連絡もないのに、自主的に新しい技術を導入するといったことは、経験上、ほとんどない。

　だが、世の中でIoTがよく噂されているので、「講演くらい聞いてみようか」、と考えるような好奇心を持った社長がいる中小企業は、私の経験上、おそらく数百社に1社程度だろう。

　さらに、次の①～⑥のようなやっかいなハードルが待ち構えている。

ハードル❶ 平行線の議論から始めないといけない

　中堅・中小企業側は、「自分の会社に、IoTを導入すると、いったい、どういうメリットがあるのか」「IoTでいったい、何ができるのか、教えてくれ」というのが、議論の最初のスタートである。

　IoTシステム提供側は、これまで大企業から、具体的なスペックをもって受注を受けていたので、「具体的に、何をどうしたいのですか」「具体的にスペックをもって発注してくれないと何もできない」というのが議論の最初のスタートである。

　このように、議論は、双方が大きく離れていて、噛み合わない平行線の状

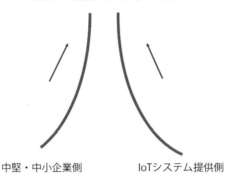

図表1-1-1　平行線の議論からスタートし、お互いが歩み寄るイメージ

態から始まる。

　この状態から少しでも前進しようとすれば、お互いが努力し、相手のことを理解し、お互いが歩み寄る必要がある。もし、お互いの歩み寄りの努力を放棄すれば、議論は物別れに終わってしまう（図表1-1-1）。

ハードル❷　自分の会社が抱える具体的な「課題」がわからない

　中堅・中小企業は、「売り上げを増やしたい」「生産性を高めたい」「付加価値を上げたい」「コスト削減したい」「品質を高めたい」「シェアを増やしたい」などのニーズを持っている。だが、この漠然とした思いだけでは、IoTを導入することはできない。企業自身が抱える「課題」、すなわち「具体的に何をどうしたいのか」が明確にならないと、IoT導入は前に進まない。だが長年、同じやり方を続けているため、どこが「課題」なのか、わからなくなっている。

　IoTシステム提供側は、過去のIoT導入事例を説明できても、通常、それが相手の求める「解決策」とは一致しない。個々の企業が抱える「課題」およびその「解決策」は、すべて異なる。「課題」を浮かび上がらせ、その「解決策」を考えることは、1社ごとにすべて異なるケースバイケースである。

以下に筆者が現場を歩いて見てきた事例を挙げる。

〈事例1〉

　A社は、受注を紙に書いて壁一面に貼り付けている。生産計画は、工場のベテラン作業員が、その壁を、ぐっと眺めて決める。急な受注が入ってきたり、納期が延期された際も、ベテラン作業員が、壁をぐっと眺めて変更する。この企業にとっては、それが長年行われてきたことであり、解決すべき「課題」だという認識はない。

〈事例2〉

　B社は、購入した部品や原材料を、倉庫に整理整頓して保管せず、工場内の機器設備の空きスペースに乱雑に積み上げている。作業員は、積み上げた山のなかから、部品や原材料を引っ張り出して加工する。おそらく、二重、三重の発注があり、余分な在庫もあると思われる。その工場では、その方法が長年行われてきており、ITで管理したほうが効率的などと誰も疑っていない。

〈事例3〉

　D社は、工場が設立された約十年前とほぼ同じ作業を続ける鉄工所である。鉄の加工作業は、ほぼすべて人間が手作業で行っている。工作機械に鉄を設置する際に鉄を持ち上げたり、鉄を次の工程に移動させるなどの作業もほぼすべて、多くの男たちが、力を合わせ、クレーンも使いながら行っている。本社の管理部門の人々は、自社の競争力の源泉は、熟練作業員の経験と勘にあると信じており、新工場にロボット、IoT、自動化を導入することに否定的である。

ハードル❸　現場の抵抗を抑えないといけない

　現場の作業員は、自分たちは、きちんと仕事をやっている、という誇りを持っている。そこに、IoTを導入しようとすれば、自分たちの仕事が、あた

かも「ずさん」であると見られていると捉えてしまう。IoTシステム提供企業が、現場に入って、まず最初に遭遇するのは、現場からの抵抗である、と考えてよい。（モデル企業では現場の抵抗はなかった。）

　現場の抵抗を抑えて、IoT導入を進めるためには、社長の強力なリーダーシップが必要である。また、IoTシステム提供企業は、現場を巻き込んだ前向きな改善の議論ができるよう、良好な人間関係を作り上げなければならない。

ハードル❹　社長自身が決めないといけない

　企業が抱える「課題」を発見すると、IoTシステム提供側から多くの「解決策」のアイデアが提示される。そのなかから、どれを選ぶかは、社長自身が決めないといけない。なぜなら、IoT導入は、社内体制や従業員の教育訓練など、IoT導入と同時に社内に大きな変化をもたらすことにある。その社内事情は、第三者にはわからない。社内の体制や従業員の教育訓練などは、社長でないとリーダーシップを持って従業員を引っ張っていけない。また、投資金額を決定できるのも、社長だけである。

　社長が、何もしないでじっとしていると、「お節介なIoTシステム供給企業が勝手にやってきて、自分の会社に最適なシステムを見つけてくれて、自動的に導入してくれる」のでは「ない」。中堅・中小企業のなかには、神輿に乗っているお飾りのような経営者もいるが、そのような経営者では決断は難しい。

ハードル❺　労働集約的な生産活動を前提としないといけない

　大企業の生産ラインでは、自動化が進み、人間はほとんどいない。付加価値が高い製品を大量に生産しているため、人件費よりも自動化したほうがコストが安いからだ。中小企業の生産ラインの多くは、自動化が進んでなく、職工がモノづくりをしている。自動化投資より人件費のほうが安いからである。

中小企業の生産現場へのIoT導入を検討する上では、労働集約的な職工による生産を前提としなければならないケースが多い。

労働集約的な職工による生産が行われている現場では、データを集める対象となる電気信号自体が工場内に存在していないことが多い。現在のIoTシステムは大企業向けを想定しているため、現場に電気信号が存在していることを前提に成り立っている。そのため、そもそも採取すべき電気信号自体が存在しない状態をどのように扱うのか、そのハードルは高い。

ハードル❻ システムエンジニアがいない

中小企業には、通常、システムエンジニアがいないことが多い。「当社はIT対応しています」という企業でも、業務管理系パッケージソフトを買ってきて使っているだけのことが多い。自社のための特注システムを開発・運用し、維持管理やバージョンアップするといった経験がない。

IoT導入に当たって、IoTシステム供給企業の専門家との間で、議論がなかなか進まないことが多い。また、IoT導入後、会社のなかで維持管理する人がいない、という点は、中堅・中小企業にIoT導入を諦めさせる大きな要因である。企業の投資決定者のなかにIT投資の重要性を理解できる人がいないと、部下がIoT導入のメリットをいくら伝えても理解されない。紙に記入したり、電話とファックスだけで十分、という経営者も多い。

1-2
中堅・中小企業への IoT導入成功事例に見る共通要因

日本でもドイツでもきわめて少ないが、中堅・中小企業でありながら、社長の強力なリーダーシップの下、IoTが導入され、成功している事例が存在している。というより、本節で紹介するケースで、ほぼすべてをカバーしているといってよい。これらすべての事例に共通の要因がある。

①社長自身がIT投資の重要性を十分に理解し、社内の反対にも係わらず、強いリーダーシップで投資を行ってきたこと
②中堅・中小企業でありながら、自社内に、システムエンジニアの部署を設置するほど技術者を雇用していること

成功の要因はこの2点に尽きるといってもよい。では、その事例を紹介する。

1-2-1　三浦工業

愛媛県松山市に本社がある三浦工業は、1959年5月に設立され、ボイラの生産、販売、メンテナンスを行う企業であり、国内ボイラ市場の約40%を占める国内トップ企業である。連結売上高は最近では平均して毎年約7%前後の伸びを示している（**図表1-2-1**）。

同社は、IoTやM2Mなどの言葉が生まれる遙か以前の1989年から「遠隔状態監視」サービスを行っていた。顧客が使用しているボイラに埋め込んだセンサーから得られるデータを通信会社の回線を介して収集する。そして同

図表1-2-1　三浦工業の連結売上高の推移

社のオンラインセンターで職員が画面を見ながら稼働状態を監視し、異常が感知されれば、メンテナンス要員を派遣する。こうして、ボイラが故障・停止する前に修理することで、顧客の損害を防いでいる。

同社の輝かしい業績は、故障しないボイラ、停止しないボイラとして、長い時間をかけて顧客から信頼を得てきた結果であるといえる。同社は、日本国内に約100ヶ所のサービス拠点を設置し、サービスエンジニア約1,000人を擁し、同社が販売したすべてのボイラが故障・停止する前に要員を派遣する体制を構築している。

1973年の第1次石油ショック後、同社は、故障の予防、保全、管理を目的とするビフォア・メンテナンス制度を立ち上げた。ボイラに保守契約を付帯して販売する手法は、従業員や販売店から、「他社メーカーに価格で負ける」「メンテナンス料金は通常修理完了後に請求するもの、前金ではもらえない」と反対されたが、同社創業者三浦保の「メンテナンスは故障前に行うべき」との強い意志で実施されることとなった。そのため、1989年から「オンライン・メンテナンス」（商標登録）を開始した。現在では5万5,185台（2016年5月末現在）のボイラをオンラインにより保守管理している。

そうした差別化により同社の商品は好調に売れ、売上高（連結）は、2006年3月の649億1,900万円から2016年3月には990億1,900万円と10年間で＋52.5％増加し、いまや国内ボイラ市場でトップシェア約40％を有するに至った（図表1-2-2）。

オンラインでボイラのメンテナンスを実施する目的としては、顧客の各製

項目　（単位）	2015年	2016年	2017年（予測値）
売上高　　　（百万円）	90,424	99,019	104,000
経常利益　　（百万円）	10,799	10,887	11,400
当期純利益　（百万円）	7,464	7,476	7,800
自己資本比率　（％）	79.5	78.4	—
1株当たり純資産（円）	915.75	947.00	—

出典：三浦工業

図表1-2-2　三浦工業の連結売上高、利益等の推移

造工場では、ボイラは生産機械の重要な設備であり、ボイラがストップすれば、生産ラインは停止し、多大な損害が発生する。それを未然に防止するため、ボイラ本体に各センサーを搭載し、ボイラの各部品の劣化や各部の汚れなどでストップする前の情報をオンラインで送信し、それを基にメンテナンスを実施している。ボイラが完全にストップする前に、メンテナンス対応ができるようになっている。

1-2-2　キュービーネット株式会社

　店舗数は、国内510店、従業員2,500人、海外108店、従業員500人、うち香港54店、シンガポール34店、台湾20店である。美容業界の市場規模は、売上高が過去5年間、毎年95〜98%と減少し続けているが、同社は毎年105〜110%と増えている（**図表1-2-3、1-2-4**）。香港は120%、台湾は140%で成長している。

　同社の営業方針は、「one price one menu」であり、単価は1,000円（税込1,080円、平日65歳以上のシニア料金は税込1,000円）である。ヘアカットサービスのみを提供しており、年間国内利用人数は約1,700万人、1人当たりのカット時間は平均11分55秒、前年は11分58秒であった。

　日々の売り上げ分析は、「見える化」し、毎月の店長会議で検討し、実行する。同社のリピーター率は95%を超えるため、事前につくった経営計画は、毎年ほぼ100%で着地する。季節変動などもあるが、過去のデータの傾向から売り上げを予測し、販促活動による効果を加味し、概ね計画通りに着地する。データを蓄積し正しく活用することで、予測値を高めている。

　同社では店舗の状態を数字で把握している。各店舗の各席の稼働レベルを把握した上で、生産性が落ちている席について、技術不足なのか、女性客が続いたのか、さまざまな仮説を立てる。次に、現場で事実を確認する。最も多いケースが、切り直しである。オーダー時の確認が曖昧であったため、2〜3度切り直しをしている。技術ではなく、カウンセリングの研修が必要と判断した。

　IoTシステムは、客が券売機でお金を入れる時点、客からチケットを受け

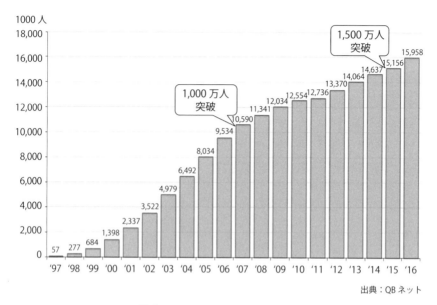

図表1-2-3　国内来客数の推移

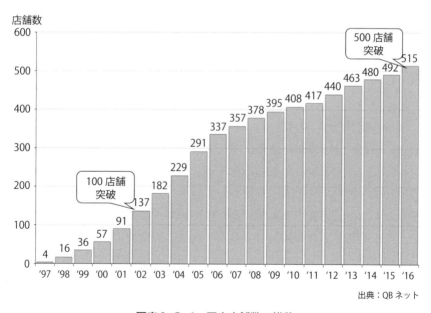

図表1-2-4　国内店舗数の推移

取って施術を開始した時点、エアウォッシャーという機械で髪の毛を吸い取った時点の3つの時点でデータを自動的に収集するために導入している。どの店のどの席がどのような稼働状況にあるかをリアルタイムで把握できるようになっている。

すべての店舗と席でカット時間を集計しており、生産性の状況把握に努め、数字の裏づけをもって現場改善に努めている。現場では、各カットブースに接してある滅菌器にタイマーが表示されており、概ねの施術時間を自ら把握できるようになっている。

これまで美容室は高い料金を払って長時間会話しながら丁寧に髪を切ってもらうというサービスしか存在しなかったが、早く安く髪を切りたいという一部のニーズを確実に捕まえることに成功した。

同社の顧客の25%は女性であり、リクルート中の若い女性や子育てに忙しい主婦の利用が増えている。パーマカラーはいつもの美容室でやってもらうが、今ちょっと前髪だけを切って欲しいという時に利用する女性が増えている。

かつては、営業のピーク時間は夕方でサラリーマンの利用が多かったが、いまでは多くの団塊の世代が朝やってくる。待つのが嫌なせっかちな性格の人にも同社のサービスは非常に評価が高かった。

このように書いてくると、QBハウスの美容師は、IoTシステムの下で、非人間的な機械的作業を強いられていると思われる方もいるかもしれない。実際、ドイツを訪問し、QBハウスの説明をすると、全員が顔をしかめ、労働組合が強いドイツではそうした労働は不可能だ、との返事が返ってきた。そのため、QBハウスを紹介する際には、雇用者の労働環境がどうなっているか、必ず付け加えることにしている。IoTや人工知能AIと人間が共存共栄する良い事例であると考えている。

従来の美容業界は、若い頃に個人美容室で修業し、30代半ばを過ぎる歳になると独立するというのが一般的なキャリアアップである。女性客は美容室にただ技術を求めるのではなく、居心地や癒しを求める傾向が強いので、30代半ばを過ぎてくると指名が減っていく傾向にある。子育てのころに給与が減ると生活ができないので、開業資金を調達して独立する人が多い。一

方、技術を身に付ける過程も大変厳しい環境であり、専門学校を卒業して国家資格を取得したとしても、特に美容師はカット技術がほぼないに等しい。なぜなら専門学校では、パーマやカラー技術の習得に重点を置いているためである。まずは店舗見習いとして洗髪やパーマ、カラーなどの業務を長年携わって修行するため、カットができるようになり理美容師として自立できるまでは10年近くかかる。そこからもし独立するとしても、市場が縮小している環境下では大変厳しい経営が強いられる。ちなみに、理美容室の数はコンビニの8倍の40万店舗あるとされている。

　美容師の給与は、多くの個人店では売り上げに連動する歩合給与が多い傾向にあるため、成人式や卒業式、入社式といったイベントが多い1月から4月初旬にかけて増え、それ以降は収入が減少する傾向にあり、季節変動する場合が多い。一方、ヘアカット専門店の場合は、イベントなどで需要が拡大することなく、季節変動要因が少ないこと、また、同社では指名制を導入していないことから、安定した給与体系に魅力を感じて入社を希望する子育て世代の人が増えてきている。また、ヘアカットのみのサービス提供であることから、手荒れで悩んでいた女性美容師や、洗髪などでかがむ仕事がないので腰痛で悩んでいた高齢の理美容師の方も多く働いている。同社の現場の最高齢は78歳のスタイリストである。

　そこで同社は、厳しい修業時代にスタイリストになる夢をあきらめて業界を離れた人や、子育てに専念するため長いブランクがある人などが業界に復帰することを支援する制度を立ち上げた。その制度とは、社員として雇用し、半年間の研修期間でスタイリストとして自立できる技術や接客力を養う社内スクールである。年間70人規模で受け入れて、人材育成に取り組んでいる。

　退職率は国内が8%と、美容業界ではとても低い。海外の店舗の退職率は、香港15%、シンガポール5%。台湾は進出して4年目を迎えるがようやく20%台にまで下がってきた。各国の目標値は、10%以下を目指している。

1-2-3　旭酒造　獺祭

　旭酒造が生産する日本酒「獺祭」の最高級品は720mlが3万円である。2014年4月、オバマ大統領来日時に安倍総理がプレゼントしたのも、この「獺祭」である。

　旭酒造はかつて山口県で第4位の酒造メーカーだったが、経営危機のとき「杜氏」が逃げ出した。桜井博志社長（当時）は、かねがね、酒造りのノウハウを杜氏が独占することに疑問を持っていたため、これを機に、杜氏抜きで、もっと美味しい日本酒を造ると決心した。

　古い酒蔵をIoT導入の最新鋭工場に改修、酒造りの経験のない若者を雇用し、理論とデータサイエンスで製造することで、「獺祭」ができあがった。

　「獺祭」が安定的に高品質で量産が可能になったのは、その原料である「山田錦」の安定的で高品質の量産が可能になったからである（**図表1-2-5**）。

　生産が難しい原料「山田錦」に富士通のIoT「Akisai」を導入、水田をセンサーで「遠隔状態監視M2M」を行い、高品質で安定的な量産を実現した。

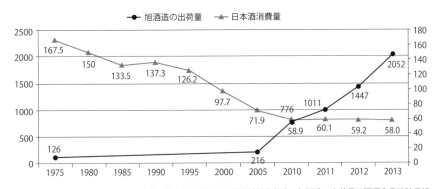

出典：日本酒消費量は国税庁統計年報書、旭酒造の出荷量は酒類食品統計月報

図表1-2-5　日本酒消費量と旭酒造の出荷量の推移

第2章

中小企業がIoTを やってみた

／井上雄介

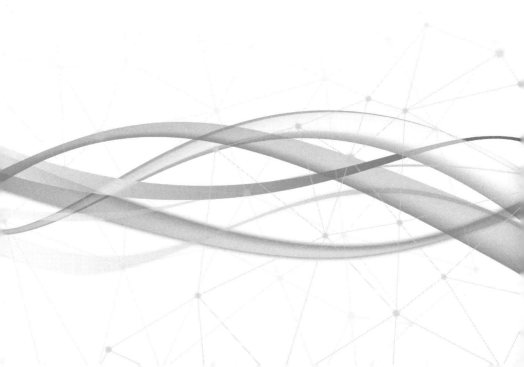

2-1

IoTで経営課題に挑戦　株式会社日東電機製作所

〈会社概要〉

　日東電機製作所（以下、日東電機）は、電力会社向け制御機器の設計から製造までを提供する電力制御機器の総合メーカーである。群馬県太田市に本社を置き、関連2社と日東電機グループを形成している。

　日東電機は、1951年に市販通信機器部品を製造する有限会社として設立された。その後1956年に磁器増幅器・変圧器の受注生産を開始し、さらに現在の主力製品である配電盤の製造を1967年に開始した。東芝や東京電力など大手企業との取引を行い、「価値ある製品を作り出すシステム・アーキテクチャー」を経営方針に、日本の電力産業を下支えしている。

　他社よりも早い時期から、製造工程に図面レス配線方式を導入。設計を機械化するため、エンジニアリングワークステーションを開始するなど、最新の技術を取り入れてきた。特に2000年代に入ると、CADシステムの本格的な活用を開始した。3次元CADデータを利用することで、板金穴あけ加工および板金曲げ加工の自動化が稼働する段階に至っている。

▼特徴

　日東電機の強みは一貫生産体制にある。すべての製品に対し、立案設計から生産設計、板金、製造、試験まで一貫生産しているので、コスト競争や短納期対応では他社にない優位性を持っている。こうした一貫した生産管理システムを、同社では「NT-MOLシステム」と呼んでいる。NT-MOLシステムは1980年代から使用しており、経営・設計・現場の3つを結ぶデータプロファイリングとして日東電機の発展を支えてきた。

　以上のような特徴を持つ日東電機は、企業の収益性および安全性など、経営成績が総合的に良好である開発型企業と判定され、群馬県中小企業モデル工場に認定されている。

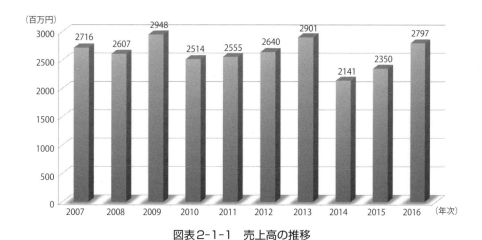

図表2-1-1　売上高の推移

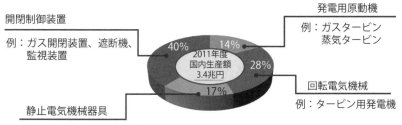

単位：億円	日立製作所	東芝	三菱重工	三菱電機	富士電機	明電舎
売上高	93,158	61,003	28,209	36,394	7,035	1,811
営業利益	4,445	2,066	1,119	2,254	193	62
関連部門売上高 ※重電以外を含む場合有り。	電力システム 8,132	社会インフラ 24,128	原動機 9,553	重電システム 10,271	エネルギー/社会インフラ 2,068	社会システム 1,075
関連部門営業利益 ※重電以外を含む場合有り。	220	1,342	856	649	148	19

出典：経済産業省 第2回エネルギービジネス戦略研究会用資料

図表2-1-2　重電器業界における市場シェア

▼売上高

　売上高の推移を見てみると、2014年度に一時低落したものの、その後回復している（**図表2-1-1**）。

　国内重電機器業界の市場をみれば、**図表2-1-2**のとおりである。日東電機の製品を取り扱う東芝の売上高は日立製作所に次いで第2位である。特に社会インフラ部門では同業他社を大きく凌ぐ状態である。重電機器の生産規模は3.4兆円ほどである。発電所で使用される機器は多種多様であり、その分、部品も多岐にわたる。受注に対して効率的な供給ができるよう、自社の生産ラインを上手く管理し、生産性を上げることが必要となる（**図表2-1-3**）。

Interview
取締役社長　青木和延氏

2-1-1　IoT導入のきっかけ

1）IoTへの期待

　日東電機が、IoTを導入しようと決断した理由は、世の中に「いま」「なに」が起こっているのかに興味があったためである。はじめはIoT技術そのものに対する関心は低く、その効果についても半信半疑であった。当社には関係ないと思っていた。ところが、投資育成会社の仲介で、IoT研究会を主宰する岩本氏のセミナー「インダストリー4.0」を受けたところ、イメージが大きく変わったのである。工場の生産管理から製造の全工程を見直し、合理化するという体系的なシステムに強く興味を持った。こうした次世代の技術は、当社でも活用でき、またさらに実用的な生産管理システムの構築に貢献するだろうと思った。

　"IoT"の具体的なイメージを思い描くことができるようになったことで、「これならば当社でも導入可能であるかもしれない」「今後の技術革新の動向を見据えれば、早い段階から取り組まなければならないのではないか」という感想を持つに至ったのである。「実際に導入してみよう」という契機となったわけだ。本研究会に参加しようと決心したのは、「IoT技術が実は身近なものである」とセミナーで強く共感を覚えたことがきっかけであった。

● 株式会社日東電機製作所

創業	1951年
資本金	8,000万円
従業員数	151名
年商	28億
本社所在地	群馬県太田市吉沢町1030 大田リサーチパーク内
事業内容	・電力会社向け制御機器の設計、開発、製造 ・産業用システム機器の設計、開発、製造 ・コンピュータ周辺機器の設計・開発・製造
主要取引先	株式会社東芝および東芝グループ会社 東京電力株式会社 株式会社東芝メディカルシステムズ 地方公共団体

図表2-1-3　企業概要

　IoTに期待したのは、会社の課題を解決するためである。当社は、大量生産一括販売ではなく、受注単品生産である。すべての製品を受注・単品で請け負っている。つまり労働集約型の企業である。収益性を高めるには、間接人員の管理を効率的に行わなければならない。それというのは、受注の際、

購入品費・塗装費・労務費で見積もりを計算しているので、間接人員の賃金はこのなかには含まれていないためである。

2) 課題の設定

　当社では間接人員を「扶養家族」と呼んでいる。それは、彼らの賃金が、まるで扶養家族であるかのように作業時間全体から配分・充当されているためである。彼ら「扶養家族」を考慮した労働時間を、従来の目標時間と区別して「実現時間」として管理しているが、この時間の改善こそが、当社の売上向上に繋がる。製造や設計などの部門がこの「実現時間」を改善すべく、各々生産性を向上させていくことが、当社の製品の付加価値を高めるのである。

　よって、私たち中小企業では、こうした管理業務やバックヤードの作業を支援できるよう、各生産ラインや情報システムの"ムダ"をどのように削減するのかが課題となってくる。そのためには、①設計から調達部門、サプライヤー、製造部門、物流といった一環の流れを管理する生産管理部門全体の流れを改善していく必要がある。それから②「モノ」と「情報」の流れを、IoTを利用することで、低コスト化し、かつリードタイムの短縮を推進していかなければならない。

　そこで当社がIoT化を通じて改善・挑戦していきたい課題を、次の2点に設定した（**図表2-1-4**）。

　1つ目の課題は、生産ラインのIoT化を推進することである。当社では制御盤を製造するにあたって、電線加工が全工程の6～7割を占めている。こ

①電線加工作業が手作業であり、効率的に実施したい ＝ロボットによる電線加工製造へ	⇒	ワイヤ・センターのロボット化へ
②生産管理システムの課題を発見し、ブラッシュアップを図りたい ＝現状の再認識と課題の抽出	⇒	ビジネス・プロセス・アセスメントを活用し、NT-MOLの改善・IoT化へ

図表2-1-4　解決すべき課題

の電線加工作業が手動で行なわれているため、どうしても全体の生産効率が悪くなってしまう。まずは、ワイヤ・センターをロボット化することで、電線加工の自動化を目指し、生産性を改善させていきたいと考えている。

　2つ目の課題は、すでに触れた当社のNT-MOLシステムを少しでもIoT化、または自動化することで、拡張していくことである。"IoT化"の定義は広範で抽象的である。そのため、自社に合うようにブラッシュアップすることで、"当社の生産体制に適した、独自のIoT化"を実現していきたいと考えている。

2-1-2　IoT導入の過程

1）製造工程の自動化

　製造工程へのIoT導入後の結論を先取りすれば、「なるほどロボット化は難しい」というのが感想であった。そもそもロボット化が必要な作業工程と実施した解決策との間に、ズレがあったためである。製造ラインの全工程を一気に自動化・ロボット化するのには、機械の制御が困難でうまくいかなかった。何度も試行錯誤を繰り返したものの、途中で挫折してしまった。とはいえ、IoT研究会でいろいろな方から助言を受けて「ひとつひとつ実現していこう」と徐々に戦略を修正していった。結果として、いくつか部分的な成果が得られた。詳しくは次のとおりである。当社が実際に行った試行錯誤の過程について紹介しよう。

●製造工程の自動化の検討

　当初はあるITベンダーの提案を受けて、生産ライン自動化を検討していた。ところが詳しく話を聞くと、同ベンダーから紹介された自動機は、点検作業を自動的に繰り返すことで、データ収集・分析を行う機器であった。当社が目指していた「製造工程の自動化」とは異なっていたのである。製造業では、検査や品質など生産後の製品に関する自動化は比較的進んでいるようだが、製造工程段階の自動化は技術的にはまだ困難なようだった。

　そこでIoT研究会で、この点に関して経験者と意見交換を行った。「関連するケース・スタディはあるのか」「ロボット化は難しそうだが、自動化す

るという方向性は正しいのか」といった私たちの疑問に対して、「十分挑戦する価値がある」との回答と励ましをもらった。IoT先駆者のこうした意見を受けて、当社は、多関節ロボットを導入することで、ワイヤ・センターのIoT化を行い、電線加工を自動化することで生産性向上を目標としたのである。そこで研究会委員である三菱電機から製造工程一貫に向けた自動機を紹介され、ロボットを購入した。現在はすでに稼働させており、シミュレーションを行っている段階である。

●自動化できるところ、できないところ

ところが作業を開始してみると、また新たな問題が見つかった。当初計画していたのは、全線製造工程で自動化していくことであったが、当社の扱う配電盤では一品ごとに設計が異なっているため、技術的に自動化の導入が困難であった（図表2-1-5）。というのは、電線1つとっても、太さ、長さが異なっており、圧着端子の種類も多い。このため、他の大量生産可能な製造メーカーとは異なり、一般的な自動機ではどうしても対応できない箇所が多数見られたのである。

しかも、当社で受注している製品には、特殊な端子を使用することも多い。さらに困難を極めたのは、線番とその電線の行き先を示すチューブマークを電線に差し込むまでの工程を、機械で自動化することが非常に難しいことであった。

一方、その他の工程におけるロボット化は比較的順調であった。ロボット

〈ワイヤ・センターのロボット化〉

2016年10月	ロボット導入に関するガイダンス ロボット選定のポイント・周辺機器の紹介 →職場環境整備専任者配置・レイアウト構想
11月	各種自動機の入荷
2017年1月	電気回路・ロボット制御・ビジョンカメラなどの動作ポイントの設定完了
2月	シミュレーション開始・問題の洗い出し

図表2-1-5　導入過程

本体を購入したあと、単体で動作する圧着装置や、電源周りからフレームといった周辺装置なども自社で開発することができた。パソコンと電線切断機間で通信が不安定になるなどの問題もみられたが、次第にプログラム制御も上手く進み、実際にロボットを動かしてシミュレーションを行う段階に到達したのである。

つまり、チューブマーク挿入の自動化こそが"鬼門"となってしまった。この問題を日立や三菱電機といった大手企業ではどう対処していたのかといえば、意外にも「人の手作業」で対応しているとのことである。大企業でもこの工程の自動化は、技術的に困難であったようだ。人間に適正があるものは「ヒト」、機械に適性があるものは「ロボット」で、というように、作業を適材適所に応じて棲み分けを行っているのである。いい換えれば、当社が直面していたのは、ぶつかるべくしてぶつかった課題であった。

これは裏を返すと、配電盤の作業工程すべてを人間の手ではなく、ロボット化することができれば、他社よりも大きく優位となる。すでに述べたように、当社の業務は、作業時間の過半を、受注内容によってはそれ以上の時間を、配線加工作業に費やしている。また時間がかかるだけでなく、手作業で行わなければならず、高い熟練が必要である。まさにこの製造工程こそ、当社が挑戦すべきボトルネックであるのと同時に、他社との競合で勝ち抜くためのキー・ファクターともいえる。「どのようにリードタイムを短縮させ、生産性を向上させていくか」を考えれば、この手作業の工程にどう向き合うのかが重要であることがわかる。

大企業でも実現し得ないほど、この工程の自動化が難しいことがわかった一方で、「わが社でこの工程を自動化したい」という挑戦意欲が沸いた。中堅・中小企業ならではの技術力をいまこそ発揮し、生産性の向上、高い対外競争力の実現により、「大手企業を凌駕していきたい」と強く考えている。

このように、製造工程の完全自動化は、当社独自の競争力の源泉となる。そのためには、自動圧着機で電線端部を圧着に焦点を当て、積極的なIoT化ないし機械化に向けて重点的な対策を講じていくことこそが必要となるのである（図表2-1-6）。

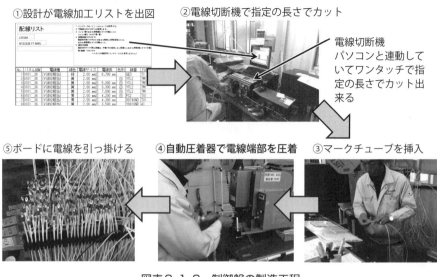

図表2-1-6　制御盤の製造工程

2) 生産管理システムの IoT 化

　続いて、当社のもう1つの取組みである生産管理システムの一元化について説明したい。当社の生産管理システム「NT-MOL」は1980年代から10年ごとに刷新しており、今では合計25ヵ年ほど使用している。当社の生産管理システムの沿革について簡単に触れておきたい。

　1980年代の時点で、当社ではすでに情報管理システムを準備していた。設計部門では少しずつ各種データを蓄積し、製造部門で運用していくことで製造ラインを段階的に整備していたのである。こうした当社独自の生産管理システムを、その後も拡張させて、現在に至る。特に情報を各工程で一元的に統合したのが2000年代であった。こうした過去に導入・採用した工程管理システムや直課管理システムなどは現在もなお生き残っており、きちんと稼働している。1980年代・1990年代・2000年代で、すべてを一元化し、ここ最近ではそれらに拡張的なシステムを追加している最中である。現在では、データの標準化や情報の一元化を進め、よりシステムをブラッシュアップしていきたいと考えている（**図表2-1-7**）。

　NT-MOLの特徴は、①受注から納品まで一貫生産のプラットホームで情

```
〈NT-MOLのIoT化〉
2016年8月    LANケーブル張替えを完了（C5からC6へ）
      9月    サーバーおよびパソコンの入れ替え
     10月    最新バージョンの3D-CAD勉強会の実施
     11月    業務改善診断ビジネス・プロセス・アセスメントの実施
     12月    診断結果の説明を受け、課題を分析
2017年1月    診断結果の精査および今後の進め方を検討
      2月    自動図面展開ソフトSGエンジニアリングツールに着手
```

図表2-1-7　導入の経緯（NT-MOLシステム）

報の連動と循環を下支えし、②経営・設計・現場とをつなぐデータファイリングを実施することにある。

　現段階でのNT-MOLの"ねらい"は、既存のシステム環境は最大限活用した上で、業務プロセスで改善効果が見込まれる分野を明確にし、より効率的なシステムを構築することにある。「モノの流れ」と「情報の流れ」を同期化・スピード化することにより、低コスト化・リードタイム短縮を実現して生産性を上げたいと考えている。「モノ」と「情報」をマッチングさせることで、現場から設計への問い合わせや用品探しを止め、また打ち合わせ回数の削減が可能となるだろう。最終的には、設計部門と現場作業員との間で、作業経過が即座にわかるようにしたい。急な注文などで設計変更が出た際、メールや電話などではなく、現場と即座に情報共有できるよう、自動化の完成が求められているのである。これは情報化が進むに当たり、できるところから順次システムを拡張した結果であった。2000年代以降は、それまでの各システムを統合し、一元的な管理システムに切り替えた。しかし、システムが複合的に組み合わさっているため、いくつかの作業を同時に行うと、動作が重複してしまう。また、関係部門に対する情報の見える化まで至っていない。そうしたシステムの円滑な運用がままならない状態であった。

　そのために今回当社が実施したのが、オートデスク社が提供するビジネス・プロセス・アセスメント（Business Process Assessment：BPA）とい

う手法である。CADシステムの利用やIT化など社内体制は整備されつつある一方で、他社との優位性・独自性が失われつつあり、危機感を持っていた。そこでこの手法を用いて、生産管理システムの現状を再認識し、課題の抽出を行い、リニューアルを計画したのである。

BPAは、「どこの工程にどのような問題点があるのか」という視点から問題点の見直しを図るための方法である。まず、システム工程の原因究明を行うため、設計から試験までの各部門の責任者を招集し、アンケート・インタビューで必要事項の回答を求める。続いて、その回答結果をもとにかなり詳細な部分までヒアリングを実施していく。ヒアリングの分析結果から、部門（職場）の問題点を絞っていくのである。

BPAの結果から、当社の生産管理システムの問題点は①情報の一元管理、②設計解析の実施、③データ閲覧環境の改善、④教育勉強会の実施といった点に集約できた。詳細は**図表2-1-8**のとおりである。

「①情報一元管理」については、関連情報を探す時間の削減・確実な最新図面の取得・問題の再発防止・共通データの繰り返し入力の抑制といった点が課題であると判明した。この問題を改善するために導入したのが、オートデスク社が提供する「Vault」というCAD図面管理システムである。図面の承認・流用設計などへ活用することで情報の管理を徹底していきたいと計画している。近来導入した設計に関するCADデータを始め、設計データ・製造データの管理やドキュメントを一括管理可能できるよう、同システムへの理解を深めていきたい。一部試験段階であるものの、必要なデータがほしいとき即座に抽出できるよう、自動図面展開ツールの開発を開始した。システムを統一したことで再入力の削減・問題点の早期発見・類似情報の流用が段階的に実現している。完全にシステムを活用するにはまだ時間がかかるが、すでに成果は出ていると評価できよう。

「②設計解析の実施」に関しては、新型フレームの開発や品質の向上を図ることで強化していく必要があると指摘を受けた。現在開発している新型フレームは、2017年上期に開発が完了する予定である。

「③データ閲覧環境の改善」に関しては、作業の検索や後戻りなど非効率的である点が課題とわかった。この点については現在、ダイキン社の提供す

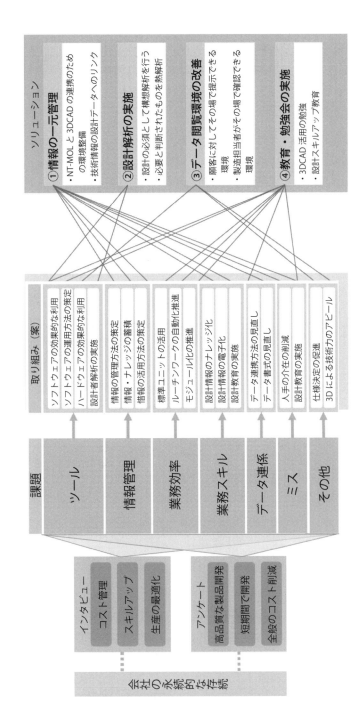

図表2-1-8 BPAの分析結果

第2章 中小企業がIoTをやってみた

るドキュメント管理システムを導入している。社内工程の閲覧を容易にするためだけではなく、顧客への提案営業を強化するためにも、閲覧環境は急務の課題として解決を目指している。

「④教育・勉強会の実施」については、社内に導入している技術を再活用できるよう取り組む必要があると指摘された。朝礼やミーティングなどで現場の声も積極的に取り入れ、また新技術に関する研修を少しずつ、定期的に行っていきたい。熟練労働者が不可欠となるような製造ラインではなく、個々人の能力のバラツキをなくしていくことが目的である。最近ではオートデスク社の3D-CADシステムに関する勉強会にも参加した。IoT研究会も同様である。最新技術の動向には目を向けていたい。

BPAの結果をNT-MOLに反映させるべく、以上の点を整理すれば、**図表2-1-9**のとおりである。（a）機能改善、（b）情報化改善、（c）操作改善の3つの視点から検討したい。

（a）機能改善では、NT-MOLにある機能を、「使っている機能」「使わない機能」「使えない機能」「使いたい機能」に仕分けし、効率的な生産管理システムに精錬したい。

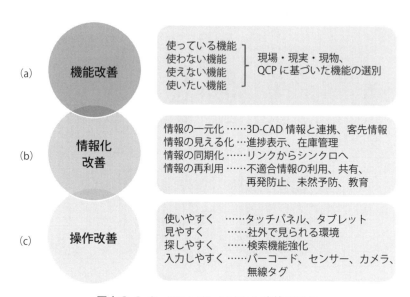

図表2-1-9　NT-MOLシステム改善の要点

（b）情報化改善は、特に今回の重要なテーマである。設計部門では、「製番（製造番号）のひも付け」を行うことで製造品のデータを一括管理したい。「どのような部品」を「どのような製番」で製造していたかという情報をデータファイリングすることで、受注した内容を製番から検索し、即座に関連する製品情報が入手可能となる。また設計以外の部門でも、情報の一元管理が重要な役割を持っている。ある設計者が作業している図面データを、他の部門の作業者が使用する場面も多々ある。同時に同じ図面データを閲覧したい際には、データでのやり取りのほうが効率的である。また紙媒体のデータを検索するだけでも作業に手間取ってしまう。こうした負担は作業者の生産性を後退させてしまうから、情報の一元化に寄せる期待は大きい。

（c）操作改善については、検索機能を強化したい。作業時間のうち、2割ほどは図面情報の収集・閲覧に時間を費やしている。もちろん、この時間をゼロにはできないまでも、少しずつ削減できるようにしていきたい。実際、設計者はこの「バインダー（資料）を探す」という作業を無駄とは考えていない。まずは資料を探せるようにキーワードでひも付けする。検索エンジン

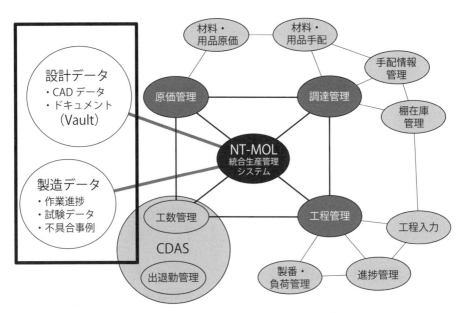

図表2-1-10　新たなNT-MOLシステムの構想

を設計する際は、事前にユースケースを利用し、作業者が「どのような資料を」「いつ検索しているのか」に基づいて分野ごとに整理する。具体的には、顧客情報から、各工程のデータが検索できるようにしたいと考えている。そのためエンジニアツールを導入して、要求使用書・単線結線図を検索できるようデータを収集している。これにより、類似の製番、過去のデータから自動的に抽出することが可能となる。より高度な検索システムを導入するのはコストパフォーマンスが良くないため、現場作業者の知識も利用した検索エンジンを導入するのも1つの方法であると考えている。

設計データ・製造データの一元管理をまず優先的に行い、NT-MOLの拡張を図りたい（図表2-1-10）。

2-1-3　導入の成果・結果

1) 投資対リターン

ここで製造工程システムと生産管理システム自動化の成果について述べたいと思う。

●ワイヤ・センターのロボット化

まず、ワイヤ・センターのロボット化に関しては、まだ手作業の工程があるので完成に至ってはいないが、周辺機器を含めてシミュレーションの段階にまで到達している。導入した設備一覧およびその費用を示せば、**図表2-1-11**のとおりである。自動圧着機の設置やシステム制御の設計開発などは2016年度末に終了している。ただし、ロボットを介して電線を加工する工程が現状困難である。3次元で電線を認識するようプログラムしているが、ワイヤ・センターの設置台で若干の誤差があり、正確に受け渡しができていない。この点は、まさに「人間の五感がいかに優れているか」を実感させられた。ロボットに"触感"を認識できるよう修正していくことで最終的な成功にまで漕ぎ着けたい。また自動圧着未対応品や片端圧着品など、どうしても人間の手作業が必要な工程もあり、ライン落ち品も機械で対応できない。こうした点は、「ヒト」で補うことで、「半自動化」を行っていきたい。

現在の投資費用は1,670万円である。あきらかに当初予定よりは増額して

```
〈ワイヤ・センターのロボット化〉
[投資]
➢ 自動圧着機（4台）            単価 750,000 円 × 4台 = 3,000,000 円
➢ 専用ロボット（その他ソフトおよび付属品）           4,000,000 円
➢ 周辺機器
・キャスティングマシン                             1,820,000 円
・ホットマーカー                                   1,130,000 円
・コンプレッサー                                     750,000 円
➢ 検査装置                                         1,000,000 円
➢ 開発費                                               5,000 円
                                    費用合計      16,700,000 円

[リターン]
➢ 時間短縮                                         1,500,000 円
➢ 能力拡大                                         3,500,000 円
                                  リターン額合計   5,000,000 円
```

図表2-1-11　投資対リターン（ワイヤ・センターのロボット化）

いるが、その分得られた経験やノウハウは当社にとって大きいと思う。部分的ではあるが、生産工程を自動化することで、現場作業者の削減に成功している。その改善効果としてリードタイムの短縮・能力拡大により合計500万円のリターンを見込んでいる（図表2-1-11）。今後も導入機器をフルに活用させる予定であるため、投資費用は3年少しで回収できるだろう。ただし、人間がゼロの完全な自動化を実現したいのではなく、機械でできない部分はどうしても作業工程のなかで出てくるので、その点は人間の手で補っていきたいと考えている。手動でやらなければならないところは人間で対応するなど、ロボットを上手くヒトでカバーして、生産性を向上させたい。

● NT-MOL

　NT-MOLに関しては今後、ソフトウェアやシステム体系を作成していくので、完成に何年かかるかはまだ未定である。過去のシステムが導入から実用まで10年ほど要しているため、2〜3年以内には活用していきたいと計画している。現在の投資金額は合計2,250万円である（社内ソフト開発費別途、**図表2-1-12**）。一方で改善効果は、「さがす」「重複作業」「後戻り」などの削減が期待される。具体的な節約の試算については次のとおりである。

　現在、設計者は管理者を含め、70人雇用している。設計者は受注した物

```
〈NT-MOL の IoT 化〉
[投資]
➢ 情報機器関係                                              5,150,000 円
➢ CAD 図面管理システム Vault                                 3,850,000 円
➢ ドキュメント管理システム                                   5,000,000 円
➢ 環境整備(LAN ケーブル張替えおよび情報機器の入れ替え)       8,500,000 円
                                              投資合計    22,500,000 円

[リターン]
➢ 作業効率の改善
                                              リターン額合計  18,000,000 円
```

図表2-1-12　投資対リターン（NT-MOLシステムのIoT化）

件の仕様に基づき過去の図面や関連資料などの収集に、労働時間8時間のうち、20%をデータ収集などに要しているとの結果をBPAから得ている。これまでも製品資料に関するデータは、サーバで管理しており、関係者は自由にアクセスできてはいた。しかし、使用方法などが不明瞭なこともあり、結局は紙媒体の製造番号バインダー（顧客名・製造費など）で閲覧・利用している。これらは書庫で管理しており、50年ほど前まで遡ることができるほどの量である。1オーダで1冊ごとに作成しているため、1人の作業者しか閲覧できず、また整理も徹底できていないため、探すのに多く時間を要していた。書庫での管理が徹底できていないのが実態である。顧客と物量によって異なりはするが、必要なバインダーは設計の開始から出荷までに平均2～3ヶ月、長いものでは1年は利用される。自分が必要なバインダーを書庫から自分の周辺に持ち出してしまうため、所在がわからなくなることも頻繁であった。こうした削減時間を金額換算すれば、完成時には1,800万円ほどの便益になると見込んでいる。

　これまでのシステムからIoT化・情報化がしっかりと組み込まれた体制へと更新できれば、集計した設計・製造データを適宜活用し、不良事例などにも対処可能となる。今回の改革で得た改善効果は、いまはまだ小さいが、将来的には想像以上の大きな収穫となるだろう。

2) 今後の課題

　実際に今回IoT技術を導入した上で改めて認識した課題について述べる。

　ワイヤ・センターに関しては、電線をつかんで圧着機に差し込むまでの工程に苦労しているが、IoT化は現時点で部分的に実現している。最終的には作業人員を可能な限り削減していきたい。ロボットで製品材料を正しくつかむという指示や、電線の受け渡しを円滑に行うなどの作業を試作している。ただし、ロボットで実現するのは難しく、「正しくワイヤをつかむ」ことなどは、まだ実現に時間がかかるかもしれない。IoTを導入することで、社内の様相は大きく変化したように思う。リード・タイムの短縮により作業時間は30％削減でき、かつ作業量は2倍程度になると考えられる。

　生産管理システムの最終的な目標は、「NT-MOL」が計画どおり完成し、実際に全機能が稼働することである。かなり大きな期待を掛けている分、3年くらいの年月をかけてでも実現したい。導入した効果が現れるのはこれからであるが、成果が楽しみである。これまでのように、紙媒体の図面を作業者の記憶に基づいて、その都度探しに行くのではなく、関連するバインダーをより深く検索できるようなシステムを構築しなければならない。直近のデータはサーバで管理しているが、それより以前の過去のデータは、他人の頭のなかを覗かない限り収集できないのが現状である。図面からキーワードで、ほしいデータを自動抽出することができるような、効率的システムを構築していきたい。

3) 導入を検討している企業へ向けてのアドバイス

　いまIoT導入を検討している多くの企業には、失敗を恐れず挑戦してほしい。他社へのアドバイスとして言葉で"なにか"を表現することは難しい。しかし、これまでのIT化も含め、新技術の導入は、誰かに「このようにやってみなさい」といわれてやるものでもないし、外部からの要請で実現するものでもないだろう。これは海外進出と同様で、「いま導入するんだ」という意気込みがなければ、導入はいつまでたっても実現しない。悩んでいるだけではなかなか結果は出せない。早く取り組めば、取り組むほど、試行錯誤の過程でノウハウとデータが蓄積されるため、メリットも大きい。これが他社

との差別化につながり、大きな競争力となる。早ければ早いほうがいい。だが、誰も進めてくれない。何をやりたいかがわからないまま進めても意味はない。「何をどのように変えていきたいのか」あるいは「何を効率化していきたいのか」を決めてしまえば、あとは捻出できるだけの資金の範囲で早めに導入するということが重要である。身の丈に応じることが重要である。しかし、導入するからにはルーチンは1つに絞り、旧ルートで作業ができないように徹底させることで、使いやすい社内システムの構築に注力してほしい。

また特に製造業のIoT化について気づいたことがある。私たち製造業に従事するエンジニアは、自分自身の技術力を信じて設計・製造している。自分の知識・技術力で製品に付加価値をつけることに"やりがい"を感じている。この知識・技術力にこそ付加価値があると考えているためである。一方で、サービス業は、至るところで情報交換・共有を重視している。サービス業は製品ではなく、サービスに付加価値をつけることを重視しているためである。サービスそのものが製品である。

こうした視点からみると、IoT化による情報共有システムと熟練・技術力が必要な製造業は相性が悪いともいえる。なぜなら、現場の技術者にとって、より良い製品を製作するという"やりがい"を奪ってしまう可能性をはらんでいるためである。ともすれば、製造業は情報の共有化ではなく、自動的なシステムを構築することのほうが好まれるのかもしれない。やはり、他社の模倣よりも自社に合ったIoTを模索していくことが重要である。

4) 導入しての感想

IoT研究会への参加は、当社にとって大きなメリットになった。今でも技術導入の前途に心配事がないわけではないが、学んだ技術は今後も無駄になることは決してない。「責任は私が持つから、安心して技術導入に励むように」と社員に伝えることで、開発や新システム構築に、安心して取り組める環境を作りたい。実際に今回のIoT導入過程で、多くの技術的財産を得ている。**特に一番の教訓は、「ロボットはなんでもできるわけではなく、ほとんど何もできない」**ということであった。ロボットは、作業できるようにうま

く環境を整備してあげなくてはならない。この大きな制限に「どう対処していくのか」が特に難しい点である。

　IoT技術について、いま一度振り返ってみると、やはり導入を決断できてよかったと思う。2015年末の状況と比べると、いまではテレビ・ニュースや新聞などで「IoT」という用語を頻繁に目にするようになった。その周知度はかなり高まっている。早くからIoTに目を向け、社内に導入できたのは当社にとって、他社に対する競争力をつけることとなった。IoT研究会に参加できた当社のメリットは大きく、非常に役に立ったと思う。

　研究会がなかったならば、改革の方向性は大きく異なったのではないだろうか。ある期限を定めて、次までにやりたいことを行う。また他社の導入過程についても情報共有できた。そのため、新聞や書籍などでIoTの用語をみても、訴えてくる"インパクト"がまったく異なっている。自然と目に入ってくるようになり、情報が蓄積しやすくなった。**1年以内という期限を設け、確実な結果を出すという目標を設定したことが良かったのだと考えている**。他社の動向を伺うことも重要であった。

　また簡単なセミナーや講演などで、大手企業の完結した導入事例だけをみても効果はあまりない。**「導入過程」を時系列で追っていくところに、深い意義があると思う**。

　そして、何よりも強調したいのは、「試行錯誤」の価値である。どこの企業であっても、試行錯誤のプロセスは誰も教えてくれない。それ自体がかけがえのない「ノウハウ」だからだ。重要なことは「結果」ではなく、「失敗」である。「失敗」にこそ価値がある。大企業がアピールするのは成功した「結果」だけである。その「結果」だけをみても模倣できない。**試行錯誤こそが"ノウハウ"なのである**。自社が苦労した点は自社専有のまさに財産である。

　当社がIoTに乗り遅れなかったのは、試行錯誤を自ら実践したためである。この1年で得られた失敗は、当社の大きなノウハウとなった。

2-2

サービス向上に向けたIoT化への取組み
株式会社東京電機

〈会社概要〉

　東京電機は、非常用発電装置の製造販売を行う製造メーカーである。1920年に東京電機製造株式会社として設立された。設立当初は、主に精米機モーターや小型水車の製造を行っていた。1975年に現つくば市に本社工場移転以降、防災用自家発電装置の認定を取得し、現在の主力製品である発電装置産業に参入した。また1980年になると自家発電装置の整備・点検を目的に、東京電機機器サービス株式会社を設立している。近年は、特に大型機種の受注に対応するべく、第四工場を増設した。

▼売上高

　東京電機の売上高推移は**図表2-2-1**のとおりである。発電装置の売上は、ここ5年ほどで大幅に増加している。2011年に発生した東日本大震災を契機に、地震による電力供給の不安定化に伴い、まさに防災用・非常用発電装

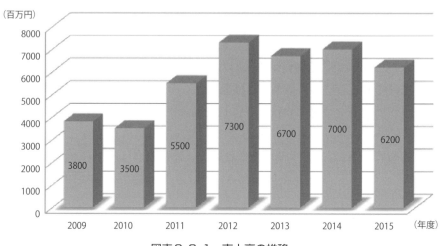

図表2-2-1　売上高の推移

置の需要が急増したのである。発電装置の設置状況を年間合計台数ベースからみれば、生産台数は1,299台、市場シェアは19%を占めるなど業界では第2位の業績である。こうした実績を従業員170人で支えているのである（図表2-2-2）。

東京電機の経営理念は「顧客第一」「品質第一」「創造的製品の開発」である。これに沿った経営戦略を練ってきた。実際に「顧客第一としての協創と収益の経営」という経営方針の下、災害時には、電力の安定化に貢献した（図表2-2-3）。

Interview	
技術・品証担当取締役	早野健治氏
新エネ開発チーム課長	鈴木清生氏

2-2-1　IoT導入のきっかけ

1）特有の課題

発電装置の設計・製造・整備を行う当社は、課題を3つ抱えている。

1つ目の課題は、非常用発電装置の需要量が少ないことである。売上高および販売台数でもみたとおり、この非常用・防災用発電装置は一般的な製品

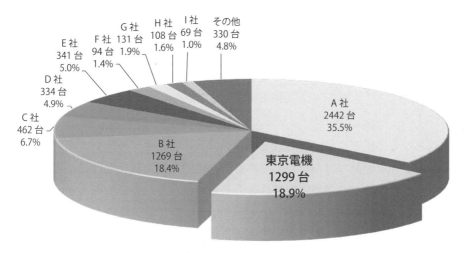

図表2-2-2　市場シェア

●株式会社東京電機

経営方針	「顧客第一としての協創と収益の経営」
経営理念	「顧客第一」「品質第一」「創造的製品の開発」
創業	1920 年
資本金	7,200 万円
従業員数	170 名
年商	62 億円
本社所在地	茨城県つくば市桜 3 丁目 11-1
事業内容	非常用および防災用の発電機・発電装置の設計、製造、据付、メンテナンス、販売

図表 2-2-3　企業概要

とは異なる性格を持っている。というのは、災害発生時を除いて、需要が急増するような製品ではないためである。一般的な製造業社とは異なることをしっかりと認識した上で、収益性の改善を目指さなければならない。

　2つ目の課題は、作業の標準化・効率化が実現し難い業態であることである。あとで詳しく述べるように、当社は生産工程に特異性がある。少しでも生産過程を均一化するよう、問題点を探し、効率性の高い生産体制を構築し

ていきたいと考えている。

　3つ目の課題は、社内の情報化がやや遅れていることである。当社は紙媒体の図面や帳票をいまだに多用しており、管理や閲覧が煩雑な状態である。IT化・情報化が各部署で遅れてしまっている。また"製造業"であることを隠れ蓑に、接客サービスにまで対応しきれていない。製品案内や工場見学などの際、円滑なコミュニケーションをとれている実感はない。もちろん、生産活動も事業を行うにあたって重要ではあるが、実際は販売前後の顧客対応力に付加価値を求めていかなければ、同業他社とのシェア争いを勝ち抜くことはできない。販売後の修理など、アフターケアが収益に結びつくことを強く自覚しなければならない。情報の管理や迅速化は不可欠である。社内の情報化を進め、生産工程のIT化・顧客対応力の強化を推進していきたいと考えている。

2）IoTへの期待

　こうした課題を解決したいがために、当社が導入を決意したのがIoT技術であった。当社の社長が、本研究会の募集要領を読んだことが直接のきっかけである。私たちとしても、「IoT」という新しい用語をまったく知らなかったわけではないが、実態はよく理解していなかった。それもそのはず、昨年はまだIoTの知名度は今日ほど高くはなかったためである。ここ最近メディアで取り上げられる機会が顕著に増え、周知度が徐々に高まったのだと思う。私たちも同様で、「IoT」について漠然としたイメージしか持っていなかった。「そもそもIoTとは実際はどのようなものなのか」、「費用はどれほどで、どれほどの収益性が見込まれるのか」、「どのような技能が、どの工程に導入できるのか」など、疑問は絶えずつきまとっていた。

　一方で、IoTが上記の課題解決につながるのではないかという期待も持っていた。例えば、設計、生産管理部門への導入から、部署を問わず、ペーパーレス化、サービス向上、または教育に向けたIoTの利用など、広い範囲で利用できるのではないかと、とにかく意見を出し合った。「工場内の設備にセンサーを導入することで、わが社も情報を一元的に管理できるようになるのではないか」「生産ラインの見える化を実現し、生産効率を改善できる

かもしれない」―まさに期待と疑問が綯(な)い交ぜになっていたのである。

当社を含む中堅・中小企業は、大手と比較すれば予算規模に大きな差がある。新規投資は期待収益を十分考えなければ、行動に移すことは到底できない。未知の分野を、リスクを抱えて開拓していくには大きな原動力が必要となるためである。例え経営上の非効率の原因がわかっていて、それを改善するためという「大義名分」があったとしても、長期的な事業計画は金銭的に難しい。どうしても投資計画は近視眼的になりがちで、私たち中小企業は現状維持からの脱却がなかなかどうしてうまくいかないのである。

背中を押してくれたのはIoT研究会の募集要領を読んだ社長であった。「参加すれば、何か得るものがあるだろう。うちでもやってみよう」社長のこうしたバックアップを得て、いわばトップダウンのかたちで、当社のIoT導入が現実味を帯びたのである。これが第一歩である。

2-2-2　IoT導入の過程

1)　研究会でのアドバイスと軌道修正

「IoTによる中堅・中小企業の競争力強化に関する研究会」のモデル企業となった後は、多くのアドバイスを参考に、IoTに関する知見を蓄え、見聞を広めることが重要であった。実際にIoT研究会では、さまざまな意見や指摘があった。IoTに関する基礎知識はもちろんのこと、「自社の課題を再度検討し、どのように対処すべきか」など的確な助言をもらった。そして何よりも大きな成果は、同じ発電装置産業の導入事例を聞くことができたことであった。

投資対リターンに応じたIoT技術を導入するため、同じ産業の経験者から具体的なケース・スタディについて体験談を聞くことができたのは、良い機会であった。実際に試行錯誤しながらIoT化を進めてみると、成功談よりも失敗した事例や導入までの苦労話のほうが骨身に沁みた。充実した意見交換ができていたと思う。

こうした数多くの助言を経て、当社はIoT導入方法を大きく方向転換した。「発電装置の製造過程にIoTを導入するのはまだ難しい」と判断したか

らである。

　その理由は、発電装置の製造過程に一般的な他の工業製品とは違った強い特性があるためである。発電装置生産の難しさについて2点説明したい。

　1つ目は、先ほど触れたとおり、生産製品そのものに、異なる特性がある点である。つまり、非常用発電装置は稼働時間が極端に短いので、一般工業製品とはだいぶ取り扱い方法が異なる。「非常用」発電装置の需要は大きくなく、少量生産が当然の業態なのである。つまり、製品を多量に生産することで生産性を上げるという「スケール・メリット」が発揮できないのである。

　2つ目は、生産過程にも特異性がある点が挙げられる。当社で扱う製品の多くは受注生産品であり、一部の作業は「ヒトの手」が不可欠なものもある。このように発電装置の生産ラインには自動化できない多くの要素が含まれている。一方で生産台数の規模そのものは他産業と比較してそれほど多くはないので、作業量が常にアンバランスとなってしまう。

　このように製造ラインの効率化を図りたくとも、各工程が特殊であり、データを収集・分析しても一般化するのは難しい。また、どうしても手作業が不可欠な工程もある。発電装置の製造過程にIoT化を実施しようとすれば、投資費用は高額になってしまう。そこで製造過程のIoTは方向転換を図ることになった。

2-2-3　IoT化による課題へのアプローチ

　当初の目的を転換した当社だったが、なにもIoT化を諦めたわけではなかった。「IoTの実態を理解する」「コストに見合ったパフォーマンスの追求」という研究会での助言から、当社に適し、かつ安価なIoTの導入を第一に据えたのである。つまり製造過程よりもむしろ、販売前後の試験・整備・修理といったサービスこそが私たちの業界で重要なマーケティング戦略となると考えた。よって非常用発電装置における「製造工程IoT化」というよりもむしろ、「サービスという付加価値向上に向けたIoT化」へと方針を切り替えた。そこで考えたのが、①試験データ入力業務の効率化、および②生産管理

```
①発電装置の試験データを二重入力
  =紙媒体への記録とパソコンへの清書    ⇨ データ入力業務の効率化

②工程表の管理が不徹底
  =最新の情報が共有できていない        ⇨ 生産管理システムのIoT化
   現場作業者の問い合わせ
```

図表2-2-4　解決すべき課題

システムのIoT化である（**図表2-2-4**）。

1）試験データ入力業務のIoT化

　当社の試験管理部門では、これまで発電装置の試験データを、一度紙面へと記載した上でパソコンへ再度入力（清書）する、という二重で入力していた。この工程に上手くIoTを導入することで、非効率性を改善できないかと施策を練っていたのである。

　その際、いまある社内の生産管理システムと互換性のあるIoTシステムの導入・連携ができないのか、という点がポイントとなった。それというのも、IoT導入に先んじて当社ではIT化・電子化を念頭に、閲覧ソフトで生産管理システムの情報化を進めていたためである。このソフトは、データを紙面と同様に閲覧・加筆修正することが可能なソフトである。

　そもそも当社は、設計に紙媒体の図面を多用しており、管理が徹底できていなかった。設計図面を数十年単位で保管していることもあり、量はとてつもなく多く、それこそオフィスの壁一面を埋め尽くすほどの量である（県内でも上位5本の指に入るほどの紙の使用量である）。顧客からの受注を受けた際、類似の案件があれば、この膨大な図面のなかから探し出さなければならなかった。

　閲覧ソフトの導入でデータ管理はある程度可能になりつつあったが、この二重入力の問題が残っていたのである。紙面への入力を削減する閲覧ソフトを利用することで、こうした図面データの電子化を徐々に進めては溜め、この閲覧ソフトと連動するような情報管理システムを構築する必要があった。そのために今回導入したのが、現場帳票ソフトおよびその運用に使用するタ

ブレット、周辺機器である。投資内容は**図表2-2-5**のとおりである。

現場帳票ソフトとは、それまで紙媒体で記載・閲覧していた帳票を一元的に管理するソフトである。タブレットと併せて利用することで、試験データの直接入力が可能となった（**図表2-2-6**）。

現場帳票ソフトを試験的に導入したのが2016年9月である（**図表2-2-7**）。その後、12月に投資計画を決定し、2017年に入ってすぐにデータ収集を開始し、およそ400物件ほどのデータ入力が終了した。3月から実質的に

- 現場帳票ソフト
  i-Repoter（10 ライセンス）
- タブレット
  iPad Pro
- 周辺機器
  耐衝撃用ケース・ペン

費用合計　約 4,000,000 円

図表2-2-5　投資内容

		0	1	2	3	5	6	7	9	10	11	13	14	15	16	17	18	19	20	21
ID	Dw処理	ク-0	ク-1	ク-2	ク-3	ク-4	ク-5	ク-6	ク-7	ク-8	ク-9	ク-10	ク-11	ク-12	ク-13	ク-14	ク-15	ク-16	ク-17	ク-18
		製番	型式1	型式2	パッケ	出力1	出力2	検査日	G電圧	温度	湿度	立会日	出荷日	図書	外観	寸法	増締	E型式	Eメーカー	E#
8・7・9・10	2e	160816	TDGP・300	KME	105	300	kVA	2016/12/21	220	8	78		2016/12/22	○	○	○	○	P126TI	㈱池貝ディ[illegible]	AG01654575
3・5・6	2e	161114	THGP150	KME	85	100	kVA	2016/12/22	200	17	76	2016/12/26		○	○	○	○	J08C-U	日野自動車㈱	795
1・2・4	2e	161028	TMGP・225	KME	75	200	kVA	2016/12/27	415	16	45	2016/12/29	2017/1/6	○	○	○	○	6D24-TC	三菱ふそうトラ[illegible]ス㈱	
41・36	2e	161036	TDGP・152	KME	105	135	kVA	2017/1/11	200	13	43		2017/1/13	○	○	○	○	P086TI	㈱池貝ディ[illegible]	AG00654471
31	1e	161254	TCGP・56	KME	75	49	kVA	2017/1/12	200	11	56			○	○	○	○	4BTA3.9-G2	カミンズジャ[illegible]	28
24・28	1e	160924	TKGP・570	K	75	500	kVA	2017/1/12	400	9	46	2017/1/13		○	○	○	○	SA6D170-	㈱小松製作所	25335
30・29	2e	161048	THGP・150	KME	85	100	kVA	2017/1/12	220	11	28	2017/1/13		○	○	○	○	J08C-U	日野自動車㈱	803
44	1e	161274	TQGP・12	KA	75	10	kVA	2017/1/16	200-100	15	21		2017/1/18	○	○	○	○	D722	㈱クボタ	4GW0206
43・42	2e	161087	TDGP・180	KME	75	150	kVA	2017/1/16	200	8	54			○	○	○	○	P086TI	㈱池貝ディ[illegible]	AG00654472
47・48	2e	160866	TCGP・88	KME	105	88	kVA	2017/1/16	440	7	35	2017/1/18		○	○	○	○	6BT5.9-G2	カミンズジャ[illegible]	43
45・46	2e	161085	TCGP・88	KME	85	88	kVA	2017/1/17	220	10	29			○	○	○	○	6BT5.9-G2	カミンズジャ[illegible]	42
49	1e	161491	TQGP・27	KA	105	24	kVA	2017/1/18	200	13	41		2017/1/20	○	○	○	○	V1505-T	㈱クボタ	1GY2030
54・50・51	3e	161258	TDGP・300	KME	85	250	kVA	2017/1/18	200	11	50			○	○	○	○	P126TI	㈱池貝ディ[illegible]	AG01655662
56・53	2e	161092	THGP・150	KME	75	130	kVA	2017/1/18	200	11	50			○	○	○	○	J08C-U	日野自動車㈱	800
62・63	2e	161205	TCGP・56	KME	85	49	kVA	2017/1/18	200	11	28		2017/1/20	○	○	○	○	4BTA3.9-G2	カミンズジャ[illegible]	37
71.72	2e	160687	TMGP・115	KME	75	100	kVA	2017/1/19	200	4	61	2017/1/20		○	○	○	○	6D16-TE2	三菱ふそう[illegible]・バス㈱	
61・59・58	3e	160937	TKGP・570	K	105	500	kVA	2017/1/19	200	9	64			○	○	○	○	SA6D170-	㈱小松製作所	25310
67・68	2e	161332	TCGP・56	KME	105	49	kVA	2017/1/19	200	9	28		2017/1/20	○	○	○	○	4BTA3.9-G2	カミンズジャ[illegible]	40
69・65・64	3e	161035	TDGP・300	KME	75	300	kVA	2017/1/19	220	5	58			○	○	○	○	P126TI	㈱池貝ディ[illegible]	AG01654585
72・73	2e	161113	TCGP・88	KME	105	73	kVA	2017/1/19	200	4	38		2017/1/20	○	○	○	○	6BT5.9-G2	カミンズジャ[illegible]	51
74・66	2e	160412	TMGP・115	KME	75	100	kVA	2017/1/20	200	7	65			○	○	○	○	6D16-TE2	三菱ふそう[illegible]・バス㈱	
75・77	2e	160380	TDGP・152	KME	75	135	kVA	2017/1/20	200					○	○	○	○	P086TI	㈱池貝ディ[illegible]	AG00654480
78・79・80	3e	161361	TCGP・88	KME	85	73	kVA	2017/1/20	200	4	70			○	○	○	○	6BT5.9-G2	カミンズジャ[illegible]	22
81・76	2e	161171	TDGP・152	KME	85	135	kVA	2017/1/20	200	7	72		2017/1/20	○	○	○	○	P086TI	㈱池貝ディ[illegible]	AG00654470
85・84	2e	160125	TQGP・6	KA	75	5	kVA	2017/1/20	100	13	45	2017/1/23		○	○	○	○	Z482	㈱クボタ	4GY2290
100101	2e	160817	TCGP・88	KME	85	88	kVA	2017/1/21	220	10	26		2017/1/24	○	○	○	○	6BT5.9-G2	カミンズジャ[illegible]	64
83・82	2e	161212	TQGP・16	KA	75	8	kVA	2017/1/21	200	11	28			○	○	○	○	D1105	㈱クボタ	1GY0246
86・87	2e	160828	TCGP・56	KME	105	49	kVA	2017/1/21	200	10	33			○	○	○	○	4BTA3.9-G2	カミンズジャ[illegible]	04
88・89	2e	160116	TQGP・6	KA	75	5	kVA	2017/1/21	100	10	50	2017/1/23		○	○	○	○	Z482	㈱クボタ	4GY2294
90・91	2e	H1935	TCGP・126	KME	105	126	kVA	2017/1/21	220	12	30			○	○	○	○	6BT5.9-G2	カミンズジャ[illegible]	17
92・93・94	3e	160609	TCGP・56	KME	85	49	kVA	2017/1/21	200	3	64			○	○	○	○	4BTA3.9-G2	カミンズジャ[illegible]	33
98	1e	161107	TQGP・6	KA	75	6	kVA	2017/1/23	110	11	21			○	○	○	○	Z482	㈱クボタ	4GY6709
102	1e	161250	TQGP・6	KA	75	6	kVA	2017/1/23	200	6				○	○	○	○	Z482	㈱クボタ	4GY6711
104	1e	161251	TQGP・6	KA	75	6	kVA	2017/1/23	200	6	38			○	○	○	○	Z482	㈱クボタ	4GY6710
105	1e	161249	TQGP・6	KA	75	6	kVA	2017/1/23	200	8	38			○	○	○	○	Z482	㈱クボタ	4GY6713
109	1e	161248	TQGP・6	KA	75	6	kVA	2017/1/23	200	4	45			○	○	○	○	Z482	㈱クボタ	4GY6708
111	1e	161247	TQGP・6	KA	75	6	kVA	2017/1/23	200	12	36		2017/1/24	○	○	○	○	Z482	㈱クボタ	4GY2292
112	1e	161246	TQGP・6	KA	75	6	kVA	2017/1/23	200	2	47			○	○	○	○	Z482	㈱クボタ	4GY2291
113・114	2e	161150	TCGP・56	KME	105	49	kVA	2017/1/23	200	4	48		2017/1/25	○	○	○	○	4BTA3.9-G2	カミンズジャ[illegible]	60
106・107・108	3e	160810	TCGP・88	KME	105	73	kVA	2017/1/23	200	5	42			○	○	○	○	6BT5.9-G2	カミンズジャ[illegible]	71
103・97	2e	160738	TKGP・570	K	105	570	kVA	2017/1/23	440	9	38			○	○	○	○	SA6D170-	㈱小松製作所	25355
99・95	2e	161110	TMGP・225	KME	75	200	kVA	2017/1/23	210	16	39		2017/1/24	○	○	○	○	6D24-TC	三菱ふそうトラ[illegible]ス㈱	
123	1e	161567	TQGP・30	K	85	26	kVA	2017/1/24	200	15	38		2017/1/26	○	○	○	○	V1505	㈱クボタ	1GY1432
116・115	2e	161287	TCGP・80	KME	105	65	kVA	2017/1/24	200	8	37			○	○	○	○	4BTA3.9-G2	カミンズジャ[illegible]	29
117・118	2e	161207	TQGP・22	K	75	20	kVA	2017/1/24	220	14	35	2017/1/25		○	○	○	○	D1105	㈱クボタ	1GY2244
124・122	2e	161206	TQGP・16	KACG	75	10	kVA	2017/1/24	220	14	55			○	○	○	○	D1105	㈱クボタ	1FW0530
126・127	2e	161288	TCGP・56	KME	85	49	kVA	2017/1/24	200	7	25		2017/1/26	○	○	○	○	4BTA3.9-G2	カミンズジャ[illegible]	28
132・128	2e	160369	TDGP・300	KME	85	280	kVA	2017/1/24	220	17	38			○	○	○	○	P126TI	㈱池貝ディ[illegible]	AG01654583
125・119・121	3e	161128	TDGP・152	KME	85	135	kVA	2017/1/24	210	9	39			○	○	○	○	P086TI	㈱池貝ディ[illegible]	AG00654484
134	1e	161271	TQGP・12	KA	75	7	kVA	2017/1/25	210	8	40			○	○	○	○	D722	㈱クボタ	4GY6788
130・129	2e	160986	TCGP・56	KME	75	49	kVA	2017/1/25	200	14	25		2017/1/26	○	○	○	○	4BTA3.9-G2	カミンズジャ[illegible]	38
136・131	2e	160404	TDGP・152	KME	85	135	kVA	2017/1/25	200	16	38			○	○	○	○	P086TI	㈱池貝ディ[illegible]	AG00654473
137・138	2e	161124	TCGP・126	KME	75	115	kVA	2017/1/25	220	9	25		2017/1/26	○	○	○	○	6BT5.9-G2	カミンズジャ[illegible]	25
144・145	2e	161356	TCGP・56	KME	105	49	kVA	2017/1/25	200	6	20		2017/1/27	○	○	○	○	4BTA3.9-G2	カミンズジャ[illegible]	28

図表2-2-6　試験データのデータベース化

2016年9月		i-Reporterの導入を検討、トライアル検証を開始
	10月	トライアル検証が終了 データ入力業務の改善効果が見られると判断
	12月	導入を決定、トレーニング開始
2017年1月		帳票類、データベースの再構築、データ収集を実施
	3月	実用開始

図表2-2-7　導入の過程

運用を開始している。こうして順次、電子媒体にデータを置き換えることで、年度ごとに書類を廃棄することが可能となった。試験利用してみて、二重入力の負担は解消できると判断した。取り込んだデータもエクセルで出力可能なので、閲覧ソフトとの連携も図りやすい。閲覧ソフトで取り込んだ図面データを含めて一括管理が実現できると確信を持てたのである。実際に、転記作業がなくなったことで、データの入力工数は削減され、残業部分の時間短縮にも寄与している。またタブレット端末で入力・閲覧が可能になった点は改善効果が大きい（**図表2-2-8**）。これまで手書きで記入していた帳票類もタブレットに直接入力できるようになったことで、数値の合否判定も自動で行われるため、入力ミスが削減できた。

　文字情報にとどまらず、写真による視覚データで情報を共有できるようにもなったので作業が効率的になった。これは現場作業者のみならず、顧客へもわかりやすい情報提供が可能となった。データも紙媒体のこれまでとは異なり、サーバですべて管理しているため、物理的なスペースの確保も実現した（省スペース化）。集計も記入もタブレット上で容易になったことで、類似案件の検索も即座に行えるようになった。

2) 生産管理システムのIoT化

　生産管理システムのIoT化の目的は、IoTを利用して、情報共有の問題を解決することにある。こちらはまだ試験段階であり、はっきりとした効果は出ていないが、導入を進める計画である。

図表2-2-8　タブレットの活用

　当社では、発電装置の工程表（週間組み立て予定表）を作成する際、工程会議をおよそ2週間に一度実施している。会議では、納期や部品入荷日などの情報共有を目的としている。しかし、そうした情報は更新されておらず、最新版の工程表を管理できていない。現場作業者は、基幹システムの閲覧および関係者への問い合わせを適宜行わなければならない。この無駄な問い合わせをなくすため、工程会議が実施される2週間で、最新情報を収集したいと考えている。タイムリーに工程表に情報を反映させ、常に更新されたデータを共有する必要がある。

　こうした状況を実現するため、生産管理システムに導入したのが製販一体型ソフトであった。このソフトが優れているのは、生産過程に必要な情報をリアルタイムでの共有・可視化が可能である点にある。設計部と製造部でデータベースをひとつにまとめることができたことで、連携もスムーズになった。受注による部品の発注や急な設計変更などのデータを生産管理システムに統合することが実現可能となったのである（**図表2-2-9**）。

　生産管理システムのIoT化で期待できる低減効果は、問い合わせの工数の削減である。現在、部材入荷日などの問い合わせは、1日当たり10分ほどで

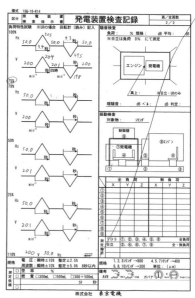

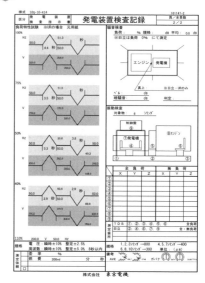

・転記作業の改善
・入力ミスの削減(数値の合否判定)

図表2-2-9　作業票の電子化

あるため、年間2,400分ほどの改善が見込まれる。現在は運用を開始したばかりなので、在庫管理や誤発注を減らし、また今後は基幹システムから抽出したエクセルデータを工程表に自動で変換できるよう、システムを整えていきたい。生産管理システムのIoT化をこれからより促進していきたいと考えている。

2-2-4　導入の成果・結果

1）投資対リターン

　生産管理システムは試験段階であるため、ここでは試験データ入力の効率化による投資対リターンをみてみよう。合計投資金額（タブレット・帳票ソフト・周辺機器）はおよそ400万円であった（図表2-2-5）。一方、導入の結果、期待される逓減効果は入力工数の削減である。試算してみれば、時間単位で示すと、1物件当たり13分の入力時間の短縮が可能となる計算である。年間平均で1,300件ほどの件数を扱っているので、年間表示になおせば1万6,900分もの削減効果がある。詳細な計算は**図表2-2-10**のとおりである。

　試算によれば投資費用は3年弱で回収できる見込みとなった。同時に、残業時間削減の効果も期待できる。これまで下期に各種作業が集中し、停滞していた出荷前の最終検査をスムーズに実施できる見込みがたった。

【転記（入力）作業の削減】

入力工数1物件当たり13分の時間短縮が実現
　年間1,300件の物件と仮定すれば…

13分/件×1,300件＝16,900分/年

16,900分を8時間/日とすると、
これは35日分の出張費に相当
・出張外注費　35日分の削減

図表2-2-10　投資により得られるリターン

2）今後の課題

　当初提案した課題のうち、試験データ入力および生産管理システムのIoT化は少しずつ進展した。ただし、依然としてデータ収集および情報の経緯を記録する際には、どうしても手書きによる作業が必要な場合もある。また図面の比較等はまだ紙媒体で行っているため、電子媒体で、完全に紙を代替することはできていないのが実情である。すべての作業から手作業や紙の使用をなくす必要はないが、今回の成果のように余分な作業や工数削減の余地がないかを常に検討していきたい（**図表2-2-11**）。

　現在のところ、IoTの導入は社内の一部の工程に留まっているので、今後は他の部門へも導入を検討中である。例えば、製造工程へのIoT化についても、CAD・CAMシステムと並行することで3Dデータを基に、組み立て指示などが自動でできる体系を構築したい。

　教育訓練で多能工化にIoT化を導入し、動画などのアニメーションで作業指示を行うなど、まだまだIoTの利用幅は広い。なかでも特に重点的に行い

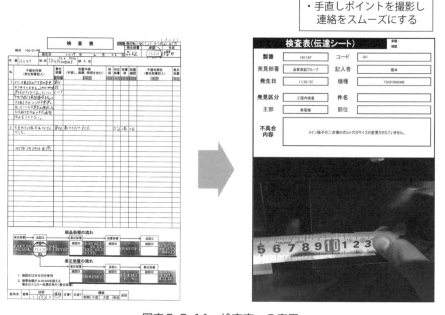

図表2-2-11　検査表への応用

たいのはサービスへの利用である。装置引き渡し前の検査およびメンテナンスの工程にも導入を検討している。実際、検査部門では、購入したタブレットを利用して、検査表の電子化を始めている。

　サービスについての将来的な目標としては、非常用発電装置の特異性にも見合ったマーケティング戦略を推進する予定である。具体的には、製作の過程で生じるヒューマン・エラーを、自動判定機能で改善したい。同時にデータ作成時の残業時間削減および、収集したデータの取捨選択も自動化していく計画である。非価格競争に生き残るためにも、アフターサービスという付加価値の提供は生産性強化に大きく貢献するだろう。

　メンテナンスにおけるIoT化プロジェクトの一環として、現在、新型の発電装置メインコントローラーを開発・研究している。そのコントローラーの内部には、オンライン通信機能を取り付けている。遠隔操作で稼働情報が回収可能となれば、メンテナンスの際、大きな効果を発揮する。というのも、発電装置は電気事業法・消防法・建築基準法の3つの法律によって、定期的な点検が義務付けられている。これは故障診断などの点検についても同様である。そのため、オンラインでの情報収集が実現すれば、点検に要するコストは大幅に削減される。

　こうした機能を導入することで、高付加価値の提供および顧客対応力強化を実現できれば、メンテナンス・サービスの市場で新たな分野を開拓できると確信している。技術的には、現段階でも導入可能だが、通信費用が高いため、顧客に提案できるコスト幅での実現は困難である。今後はWi-Fi環境の普及を上手く利用し、こうしたサービスを低コストで提供していきたい。

3）導入しての感想

　こうして12月から本格的にIoTを導入した私たちの、IoTに対する率直な感想を述べたいと思う。

　導入に当たり、苦労したのは、新規のシステムを自社で有効に活用するには、資金面の制約もあり、また**スキルを持った人員の確保およびトレーニングが容易でない**ということである。どれほど優れたシステムであっても、自社に適した技術でなければ何も意味をなさない。投資対リターンに見合った

システムを探し出すことが重要であったと思う。導入を決定したのであれば、人員を確保するためにも迅速な対応が求められる。その点にも、やや苦労した。

　一方で既存のシステムに対応できるソフトを利用したこともあり、導入そのものは驚くほどスマートに行えた。それというのも、基本はエクセルでの入力を続けているので、入力操作が大きく変わったわけではないためである。またタブレットの導入も、いまやスマートフォンが普及したことで、どの世代でも皆スムーズに操作できている。なにか新しいアプリをやっているかのような新鮮さをもって作業を進めることができたのが、功を奏したようである。

　こうしたIoTによる直接の効果とは別に、大きな成果が社内で見られているように感じる。少なからず社員に意識改革が起きているのである。IoTでデータを扱うようになって、目に見える情報をやり取りするとコミュニュケーションが自然ととりやすくなる。顧客の表情や意見を意識した接客が浸透しつつある。これまでの製造業という姿勢から、サービス業の目線を意識した接客へと変わったことで生まれ変わったような新鮮さを持つことができた。このような、いわばIoT導入の二次的なメリットも含めて、IoT研究会へ参加した意義は大きかったと考えている。

　当社は、従来、立会検査時に顧客の様子もあまり見ず、検査成績表を説明していた。しかし、社員にタブレットを持たせ、会議室にプロジェクタを入れたところ目線が変化し、社員が前を向いて説明するようになったことで顧客の表情が見え、顧客の要望に応えようとするようになった。接客の考え方も変化し、立会時の工場見学も工場全域を回るようになり、今まで顧客が来ない場所も見学するため、社内の元気な挨拶も定着し、**ある顧客から「以前と変わった、まるで別の会社のようだ」といわれたりと、社内の雰囲気まで変わった。**

　実際、IoTに対する漠然としたイメージは、「情報を共有することにより、リアルタイムで対応できる便利なツール」という認識へと変わった。研究会で各方面からの意見やアドバイスは、今後の当社の発展のためにしっかりと活用していく。

4) 導入を検討している企業へ向けてのアドバイス

　今回、研究会に参加したことで、将来的な目標や、改善・効率化したい点を明確にすることが重要であると感じた。そもそも私たち中小企業はIoTという言葉を認知していても、その実情はわかっておらず、導入に躊躇してしまう。新システムへの移行には時間や費用などの労力が必要であるから当然である。まずは、**自分たちでアイデアをいくつも提起し、絞り込むことで、自社に合うシステムを明確にすることが重要である**。その上で、限られた資金から新システムの技能をもった人員を確保・育成していかなければならない。今後、IoTの導入を目指す企業はこうした課題を考慮していってほしい。

2-3
IoTはきっかけにすぎない　株式会社正田製作所

▼会社概要

　正田製作所はステアリング部品やT/M部品・シートベルト部品といった自動車部品を扱う製造メーカーである。主力製品であるステアリングコラム部品の生産実績は月産100万本に上る。群馬県桐生市に本社工場を、太田市に尾島工場を置いている。海外拠点としては、中国四川省成都市に成都正田車用部品有限公司を持ち、世界各地への部品供給を行っている。

　1952年に創立以降、古河機械金属・SUBARU・日本精工など多くの企業から受注を受け、部品供給を行っている。当初は削岩機部品やスクーター部品などの受注を受けていたが、徐々に自動車関連部品の供給が中心となっていった（**図表2-3-1**）。

　それ以降、生産方式や開発・特許の面でのレベルアップを目指し、技術面・開発面に力を注いできた。特に自社の設備については、設備自前比率は65%、購入比率は35%と積極的な開発を行っている。こうした技術は同社の「モノづくり」を支える原動力となっている。1982年には、有名なTPS（Toyota Production System）を他社に先駆けて製造ラインに導入した。2002年には、そのTPSを参考に、自社向けに考案した「SPS」（Shoda Production System）という、新たな生産方式を整備した。独自の思想などを組込んだこの生産方式では極めて廉価な投資額で生産を可能にし、例えば4億円から1.3億円へと3分の1程度の規模で実現するに至っている。

　またシートベルト部品の特許出願（1982年）やISO9001（1998年）・ISO14001（2004年）の認証取得などにも取り組んできた。この他にも、アルミニウムの鋳造・機械加工・小組機を連結させることで「1個流し化」を成功させ、『群馬技術大賞』を受賞している。

　このように同社では、「狭い分野でも世界一をめざす誇り高き技術屋集団」をコンセプトに、日本の「モノづくり」産業の核となるよう、自社の発展に

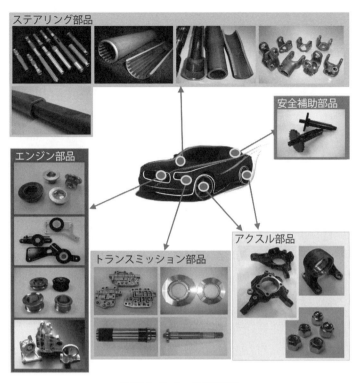

図表2-3-1　商品概要

日々努めている。

▼売上高

　正田製作所の売上高について、その推移を**図表2-3-2**に示す。リーマンショックの影響で一時低落した売上高も徐々に回復している。「選択と集中」による国内事業の展開が功を奏したのである。2016年の売上高は47億円に到達する見込みである。また同社は下請け加工が主であるため、一概に市場シェアの算出はできないものの、某A社のステアリングシャフトの国内市場シェアは60％、某B社のホイールナットに至っては国内シェア100％に到達している。

　今後は後で述べるような理想的な生産ラインを構築することで、さらに多くの部品で市場シェアを拡大していくことを考えている（**図表2-3-3**）。

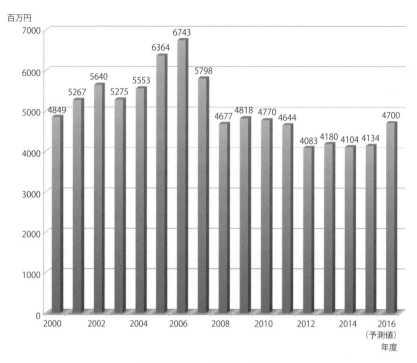

図表2-3-2　売上高の推移

Interview
代表取締役会長　正田勝啓氏
技術部開発課技師　元木常雄氏

2-3-1　IoT導入のきっかけ

1) IoT研究会に参加した動機

　当社がIoT研究会に参加したきっかけは、東京中小企業投資育成の推薦を受けたからである。IoT研究会への参加を打診されたことで、当社のIoT化への取組みが決定した。IoT技術については、当初はまだ新聞などでそれほど取り上げられていたわけでもなかったため、よく知らなかった。研究会参加の話にも、「どうしてわが社が」と、ただただ驚いたというのが率直な感想である。それというのも、当社はITやICTといった技術を導入していなかったし、情報もほとんど持っていなかったからである。

●株式会社正田製作所

経営理念	私たちは、人と人との結びつきを大切にし、テクノロジーを高め、社会に貢献します。
スローガン	狭い分野でも世界一をめざす誇り高き技術屋集団
創業	1952 年
資本金	9,900 万円
従業員数	190 名（海外を除く）
年商	42 億円（〃）
本社所在地	群馬県桐生市新里町板橋 320-1
事業内容	自動車部品 （ステアリング部品・足廻り部品・P/U 部品・T/M 部品・シーベルト部品など各種）
主要取引先	株式会社 SUBARU 株式会社山田製作所 日本精工株式会社 株式会社リケン 東亜工業株式会社

図表 2-3-3　企業概要

当社の「モノづくり」に対する姿勢というのは、そうした技術に疎く、アナログ的であったがそれで十分であった。ただ「最新技術の導入に出遅れてしまった」という強い懸念は持っていた。しかし、IoT研究会の主宰者である岩本氏のセミナーを聞いて、その印象は大きく変わった。それまでは、書籍や新聞記事で「IoT」という用語を見知ってはいたが、イメージできずにいた。そうしたなか、セミナーで紹介された旭酒造がIoT・ICTを利用して日本酒『獺祭』を生み出した事例に強く衝撃を受けた。

　「なるほど、こういった機能を生産現場に活用することができるのか」「こうした技術を、わが社にも今すぐ取り入れていけば、遅れを十分取り戻せるだろう」と感じ、喜んで研究会へ参加した。参加を決意してからは、即座に一貫した導入を決断することはさすがに困難ではあったものの、IoT専任の社員を選出するなど、ITの遅れを取り戻すチャンスと思い、積極的に行動を進めたのである。

2）わが社の強み

　当社は、お客様満足度No.1を目指すために打ち立てた、「正田モノづくりコンセプト」を念頭に、経営戦略を展開している。このコンセプトのなかでもっとも重要な役割を担っているのが、冒頭で触れたSPSという生産方式である。この生産方式の特徴は、低コストでの生産を実現するため、作業者1人が掌握可能な範囲で製品の一貫加工を担当するシステムである。このSPSの根幹には「モノづくり」に欠かせない要素が数多く含まれている。3つほど示そう。

　1つ目は、「9・6・4・1定義」という製品生産に対する考え方である。これは「稼働率を90％以上、価値率60％以上を目標に、1工程を4秒で、すべて1個流しでの製造ラインを実現する」ことを意味している。従来のロット単位の生産方式ではなく、この「1個流し化」を実現することで、効率的な労働力および省スペース化が可能となったのである。こうした生産に対する基本姿勢を追求・継続することで、徹底した品質管理・コストおよび作業工数の低減・生産効率の向上を目指している。

　2つ目は、因数分解という概念である。これは、「モノづくり」という製

品製造過程に、固定観念にとらわれることなく幅広い視野と発想で対処するため、可能な限り細分化して設計・製造するという考え方である。生産現場に対してこうしたアプローチをすることで、製品開発の幅を広げていきたいと考えている。

3つ目は、「お散歩パートさんライン」という生産ラインである。これは、人が手作業でできる限界を基準に、パート従業員が散歩をして健康管理をするような感覚で、製品生産ができるような生産ラインのことである。誰にでも簡単に作業できるような生産ラインを整備していくのが目的であり、実際に当社ではこうした「1人完結型生産」を活用している。

以上のような概念を具体的な事例で示そう。例えば当社では、1つのラインに、人が手作業で動かしている機械設備が6,7台設置されている。自動車部品だと1個30秒ほどで作るのが良いとされている。これを4で割り、8工程に分けるよう指示を出す。1工程ですべて作ろうとすると5,000万円かかるが、8工程に分けると1台200〜300万円の中古の機械設備でも十分コストパフォーマンスが良い。8台に工程を分け、1工程に人が関わる時間を4秒にして、1周回る間に機械が30秒ほどで加工する。人は、加工したい部品を出し入れするなど製品の入れ替え作業を担当する。手扱いと歩行距離で工程を分散していくのである。こうして生産ラインを因数分解して「9・6・4・1定義」に分けた上で、労働者に適した労働環境を提供する。これが当社のSPS生産方式の根幹である。機械と人が一体となって作業しているのである。SPS生産方式は他社にないであろう独自の工法として、当社の生産を支えている。

2-3-2　IoT導入の過程と成果

1）3つの課題

これまで見てきたように、当社は下請けの自動車部品加工業者である。求められるのは①生産ラインへの最新技術導入、②労働力の確保および生産性の向上、③製品の「短納期」である。こうした課題の解決には、これまで当社にはない技術の導入が必要である。しかしながら、先ほど触れたように、

① ICT/IT技術の遅れ
　＝最新技術〈IoT〉の導入による挽回　⇒　SPS生産方式のIoT化によるシステムの改良

② 労働力不足の改善
　＝高齢化社会での労働力調達問題の解決　⇒　短時間労働可能な労働環境ネットワークの構築

③ 受注量の確保・拡大
　＝国内に留まらず、海外への進出　⇒　「超短納期」化によるアドバンテージの獲得

図表2-3-4　解決すべき課題

IT化・ICT化といった技術導入に出遅れてしまった。そこでIoTを推進することで、技術的に遅れた分を取り戻し、課題の解決を図ろうと考えたのである（**図表2-3-4**）。

2）生産システムのIoT化
●構想概要

　SPS生産方式はいまだこうした技術を活用できていない。そのため、「SPS生産方式の限界を突破しよう」という考えのもと、生産システムのIoT化が当社の目的となった。

　IoT研究会参加を受けて当社が考えた「正田IoT物語」について、具体的事例をふまえて説明する。まずは、生産システムに関する構想「正田IoT物語〈パート1〉」である。

正田IoT物語〈パート1〉

　営業部Aさんは、重要なお得意先奈良のB社に定期訪問した。B社の購買部Cさんは時候の挨拶もそこそこに「生産計画ミスにより急遽平常生産量の1.5倍の増産をしなくてはならなくなった。正田製作所のD部品が心配だが何とかしてくれ」との要請を受けた。

　Aさんは常に携帯しているタブレット端末で群馬にある正田製作所本社工場のD部品ラインのコンピュータX君にアクセスし、50％増産の指示をした。X君は瞬時に在庫、サイクルタイム、稼働率、不良率を計算し2つの案

を提案した。第1案は時間延長4時間/日、第2案は1日5時間だけオペレーターをパート的勤務希望者（子育て優先の主婦、趣味に生きる高齢者等）約50人のスマートフォンに出勤可否の問い合わせをした。回答はすぐに届き、両案ともオペレーターの確保はできたということである。

コンピュータX君は第2案をとり、パートE子さんを推薦してきた。E子さんはD部品ラインを稼働させるのははじめてである。しかし今までの経験と、作業指示をするモニター（作業要領書の役割もする）が設備ごとに装備されているので、それを見ながら作業をすれば大丈夫、とコンピュータX君は判断したようだ。各オペレーターの履歴、技能レベル、時給のデータを参考にしての提案だった。

また、コンピュータX君は班長Fさんのスマートフォンに状況を報告。FさんはX君の提案の良否を判断し実行を許可した。

その結果はAさんのタブレットにも報告され、B社の生産も遅滞なく推進できることになった。この間約30分であり、B社の購買部Cさんも迅速な対応を大変喜んでくれた。

「正田IoT物語〈パート1〉」は、現在の当社が理想とする生産システムの流れを表している。先ほどの課題で示したとおり、生産ラインのIT・ICT化による自動化・労働力の円滑な供給があってはじめて実現可能となる。

実現には①新人の女性や高齢者でも、不良が出ず、計画稼働率が達成できるライン作り、②正確でリアルタイムに把握できる生産管理体制の構築、③パートさんに勤務可能時間を発信できる等のネットワークシステムの整備、④パート的勤務者の体制（ネットワーク）創りが必要となる。そのためには、(a) モニターによる作業要領指導ができる仕掛け作り、(b) 異常作業を検知しラインを止める仕組み、(c) 寸法精度・機械の振動・温度等の変化を検知し、設備異常を自動的に班長等に通知する仕組み、(d) 現場の管理諸表の記入作業をなくし、オペレーターの負担を減じる、などの方法が求められるだろう。

超高齢化社会により訪れる労働力問題に関しては、IT・IoT技術を導入することで、「お散歩パートさんライン」で生じる職人的な労働力の不足に対

処するため、女性や高齢者の余剰労働力をうまく利用してSPS生産方式を刷新しようと考えている。

例えば当社のある生産ラインでは、現在69歳のある労働者がこの生産ラインで若手と同様に働いている。彼は機械7台ほどの稼働状況のなかで、1サイクルをおよそ23秒で作業している。加工の実績を見ると一見、若手労働者と同様の作業ができているようだが、隠れた負担があることがわかった。それは若い労働者の場合は、朝8時から作業準備に取り掛かる一方で、高齢労働者の場合は1時間早い、7時から前段取りをしていたのである。労働にかける時間が多くなってしまい、作業に大きな負担がかかっていた。この作業時間の負担は製品の品質を下げることにもつながりかねないだろう。また、こうした年齢による限界は時間だけに留まるわけではない。彼のように熟練の技術を持っている場合は別として、広く労働力を求める場合、素人同然の労働者でも簡単に作業できる環境づくりが必要となる。楽に「手扱い（手作業）」を可能にしてあげたいと考えている。

そうした負担を減らすために当社では、品質チェックなどにIT技術を導入した。そのラインでは、機械的にはNC旋盤などのNC制御の加工設備に寸法測定機を付け、測定結果に対し自動で寸法補正をしている。また、最終検査機を導入したラインでは、最終的に寸法チェックを全長と外径に対して判定をするように設定している。これは数値データを収集しているわけではなく、製品の品質としての可・不可を判定している。これにより、現場の労働者に負担となっている製品の品質チェックや、寸法の補正などの作業負担の軽減が可能となるのである。そうした機械・生産システムへ、IT技術の一部はすでに導入に漕ぎ着けた。

これが「正田IoT物語〈パート1〉」という構想である。女性・高齢者に優しい生産ラインを提供する、SPS生産方式の「究極のかたち」として現在は構想をまとめている。

一方で、製造部門においての自動化・IoT化が難しいように思う。「どうしても情報を使って、自動化する」ことがモノづくりには合わない。出来高情報なども手書きであり、同業他社でも同様の方法を利用している。現状、当社の製品製造のサイクルタイム稼働率をみても、90%に到達しているライ

ンもあり、ITを導入してもこれが100%になるとは限らない。上記のような女性高齢者などの労働者に適した環境づくりにこそIT・IoT導入の効果が顕著に出るように思う。人の手と最新技術をうまく選り分けて、各工程における年齢の限界をなくし、作業環境整備をしていきたい。

●具体的内容

　実際の構想はなかなか困難ではあった。当初、IT・IoTの導入を検討して、最初は1台ずつ各機械にセンサーをつけて情報を管理・掲示することで不良品を流出させない、というようなIoT技術方法を模索していた。しかしそれには3,000万円ほどの費用が必要という試算であったため、コストパフォーマンスが悪いので見送るなど、技術導入実施に苦悩している状況であった。

　そのため、最終的に検査機を自社開発して、その検査機に通信機能を持たせる案へと変更したのであった。当初のように製造段階で不良品が出ないように、事前の情報をIT技術で解決・対処しようとするのでは費用が高くなってしまう。そこで、「製品品質のどこが悪いのか」を特定するため、「不良品が製造段階で出てしまうのはやむを得ない」と考えるようにして、1個不良品が出ても、それを流出させない事後的な管理を行い、情報収集で対処する考えに至ったのである。いまは情報を通信で飛ばし、判定材料にするという構想を模索している最中である。

　労働力問題に関しては、高齢者の長時間労働を回避するため、空いた時間を活用できるような生産管理システムとの連携を検討している。ラインごとに、「この時間は作業者を募集しています」などの情報をスマートフォンに流し、それを見て出勤予約するようなラインを模索している。高齢者が2時間という負担にならない程度の時間でも働ける環境を作るためにIoT技術を導入する。不要な神経を使わなくても作業できるような生産ラインを検討し、散歩をしている感覚で作業できるようにしたい。現在は熟練した技術があってはじめてラインが稼働している状況なので、最新技術を導入し、熟練者ではない素人労働者や高齢者でも即戦力となるような環境を作りたい。そうした労働力をうまく活用することで、生産性の向上を図りたいと考えている（図表2-3-5）。

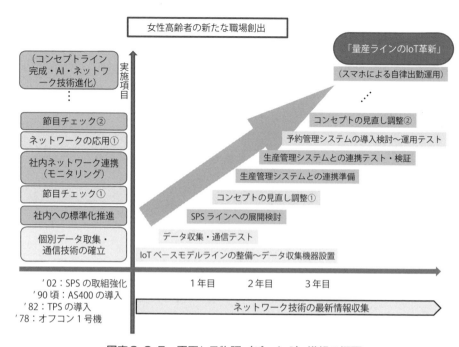

図表2-3-5 正田IoT物語〈パート1〉構想の概要

3)「超短納期」による製品供給

続いて、「正田IoT物語〈パート2〉」について説明する。パート1同様、まずは内容をみてほしい。

正田IoT物語〈パート2〉

国際営業部Aさんはカリフォルニア州サンフランシスコ郊外にある自動車メーカーS社に定期訪問した。S社購買のBさんとビジネスランチがてら情報交換をするつもりだった。

ランチ終了間際に設計部のCさんが飛び込んできた。

「Bさん大変だ、デトロイトモーターショーに出展する次期車のナックルに設計ミスがあって3日で設変試作品をつくらないとショーに間に合わないんだ」

Aさんはこのナックルの試作品が、機能性確認だけで耐久性は問わない、アルミの総削りで問題ないことをCさんに確認し、3Dモデルを受領、即座

に常時携帯しているモバイルパソコンから群馬県の本社工場の5軸マシニングセンタをコントロールするコンピュータX君にデータを送り最短納期の回答を要求した。現地時間1日の13時であった。日本時間は2日の早朝5時であったが、コンピュータX君はアルミ素材A6061の在庫を確認し、加工時間24時間、3次元測定機の検査時間2時間、最適エア便を検索し、成田の荷扱い業者持ち込み時間を割り出した。逆算していくと2時間後の7時に加工を開始すると、サンフランシスコ到着は現地時間3日の10時35分と算出し、S社にいるAさんに報告した。

AさんはS社のBさんCさんの了解を得て、コンピュータX君に工事着工を指示した。

X君は夜勤管理者Dさんのスマートフォンに発信し、素材を5軸M/Cへ着荷依頼した。また混雑の予想される3次元測定機の予約をし、3Dデータを自動測定できるように変換して短時間での測定完了を可能にした。

AさんはS社購買のBさんに3日10時35分にサンフランシスコ空港へ試作品の引き取りを依頼した。コンピュータX君から本社工機部長Eさんのスマートフォンに状況は報告されているが、Aさんからも工事の進捗確認とフォローをお願いし、シリコンバレーを後にしてインディアナのS社、オハイオのH社への定期訪問へと旅立った。

これは、アメリカの自動車メーカーから試作品を受注するために生まれた構想である。アメリカの自動車メーカーから受注して3日以内に納品することで、海外からの受注も確保していくのがねらいである。シリコンバレーなど海外の自動車メーカーからの依頼を、現地に会社を設立しなくても受注可能にし、新たな販路を開拓する考えである。

技術的には取引会社から3Dデータのかたちで設計図のデータを貰えば、CAMシステムで加工の対応はできる。ただし自動的に、となるとこれは技術的に難しい。「どのような製品でもデータさえあれば作成できる」わけではない。というのも、この事業計画には、いくつかの技術的な課題が存在する。①多種多様な3Dモデル形式とCAMによるデータ自動加工プログラム変換、②CAMが加工条件を自動的に選定するためのデータベース、③初工

程で固定されている製品の裏側の加工④3次元測定機自動運転のための3Dデータの変換作業、⑤客先3Dデータ等のセキュリティー対策などである。

　自動でNCプログラムデータをつくること自体、どこのCAD・CAMメーカーからも聞こえてこない。一部大手企業では限定的には行っているようだが、操作の内容からみても自動化は難しいとのことである。また加工機を安全面からみて自動で動作しないようにという点もある。無線LANで動かすことは技術的にはできるが、安全面でみて導入には難しい面もあるとのことであった。

　以上の点からみても、この「正田IoT物語〈パート2〉」は現在構想中に留まっているのが現状だ。今後、開発を実際に行っている大企業などに聞き取りに行きたいと考えている（**図表2-3-6**）。

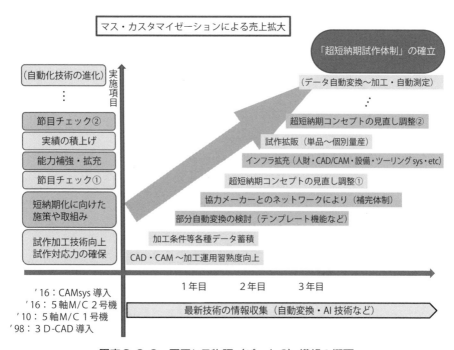

図表2-3-6　正田IoT物語〈パート2〉構想の概要

2-3-3　IoTの導入に向けて

1）投資対リターン

　実際に当社がこれまでに導入したIT機器は**図表2-3-7**のとおりである。当初考えていた、それぞれの製造工程に各種センサーを付ける方法は、費用が約3,000万円掛かる試算であった。やはりこれは導入を見送って正解であった。一方、最終工程での検査で各種センサーを付ける場合は、明確な試算まではいっていない。ケースバイケースな面もあり、最終的な検査機製作のための費用や、日常の点検業務をどうするかなどは構想段階に留まっている。しかし、最終検査に必要な機器は200～300万円ほどで実現するのが目安であると考えている。製品の外観などを映像で管理し、パソコンで判定する場合や、センサーで全長や外径を測るだけで良い場合もある。一概に検査内容は決定できないので、顧客の要望などの工程・部品を管理監督しないといけないか、という点も考慮して実行していく。

　最終的な完成には数年は必要であると考えているが、こうした技術の検討ができたことで新たな「モノづくり」の可能性が拓かれたように思う。事実、生産ラインの「見える化」が着実に進んでいる。生産ラインに発生するであろう問題に対して、その原因究明をスムーズに行うためにも、今後もこうした拡張を進めなければならない。

　こうした生産ラインが実現すれば、人件費は現在の半分以下ほどになると

〈現在のIT機器設備の設置状況および使用状況〉
➢ 社内LAN（有線）
➢ 間接部門と一部製造系社員にPCとメールアドレスの割当
➢ Wi-Fiの使用（一部のノートPC）
➢ VPNによる県内別工場との接続とサーバーの共有
➢ 加工設備に自動計測自動寸法補正機能を付加
➢ 工場内PHSの導入
➢ 携帯タブレット端末（iPad）を営業担当に支給
➢ 基幹システムにAS400を使用

図表2-3-7　投資内容

試算している。これについて具体的に説明する（**図表2-3-8**）。

現在、当社の現場作業員（正社員）の人件費は時間あたり2,500円ほどである。正社員の数は、ラインによっても異なるが、20人ほどが作業を行っているとする。この正社員労働者の分をパート労働者に代替しようというのが、「正田IoT物語〈パートⅠ〉」の構想である。

この作業にパート労働者による労働力を用いたとすれば、その人件費は1,000円ほどで、単純に生産性は2.5倍向上する。これをもとに、それまでの人件費合計を計算すると、8時間労働している20人の作業者で仮定し、年間9,920万円ほどの人件費となる。これがパート労働者の活用で半分に削減できるということは、4,000～5,000万円ほどのリターンとなる。これほどの効果額であればシステムに多少の費用を見込んでも良いかと思われる。

その上で「パート労働者が日常生活の合間をみて働けて、なおかつ生産性および品質を維持できるようなラインを製作できるのか」は解決すべき課題である。余裕のあるラインから導入して3～5年かけて完成させたい。一大プロジェクトに成り得る規模である。この生産性が実現すれば、受注活動に対し相当優位的になると考えている。国内での部品加工を行い、シェアを維持するためにはこれくらいの投資は必要となるだろう。

一方、熟練のスキルを持った正社員から非熟練のパート労働力に代替することで予想される技術上の問題は、上述した計測・寸法補正機能を備えた自動機を導入するなどで対処するつもりである。こうした情報共有を徹底することで作業ラインの「見える化」が進めば、不良品の発生を抑制しつつ、大

【IoT導入によるリターン】
▽導入以前
正社員労働者の時間給2,500円×労働時間8時間×20人×248日
＝9,920万円

▽導入以後
パート労働者の時間給1,000円×労働時間8時間×20人×248日
＝3,968万円
差し引き 5,952万円の削減効果

図表2-3-8　リターン内容

幅な生産性の増強が可能となる。

　納入できる製品の量も多くすることができる。ステアリングシャフト系に関しては、冒頭述べたように、当社は某社の国内市場のシェアはある程度保持している。今後は他社や海外展開も強化したいと考えている。いまはまだ構想段階の「超短納期」計画も、IoTによる改善で積極的にマーケティング戦略を展開したいと考えている。

2) 今後の課題

　SPS生産方式は1982年から導入したTPSに端を発し、当社の「モノづくり」を支えている。これからはIoTも加えて、現場からのアイデアを共有するなど、さらなる改良を加えていきたいと考えている。「わが社の開発した生産方法では他社に負けない」という強い自負を持って、究極の生産ラインを作り上げたい。実際、単に正社員のリストラによる人員削減をするのではなく、出勤したいパート労働者を率先して雇用することが重要である。しかも、女性・高齢者に雇用の場を提供するという方法は、今後の日本の労働供給問題に対して価値ある解決策ではないだろうか。労働環境づくりとコスト削減を並行して進めていく当社の新たな生産方式は、自慢すべき要素が多くあると考えている。

　前述したように人件費を半減し、売上向上を実現していきたい。そして「狭い分野でも世界一」を目指し、それを目標として尽力する。今後もブラッシュアップを続け、IoTを使い、人を中心とした生産ラインを作り上げていく。

　製品検査を通じてデータを収集するなど、製品検査面での自社システム設計も、やはり早急に解決すべき課題であろう。**今回の研究会を受けて当社では、データ管理およびその利用を専任したデータサイエンティストを選出している。**現場の機械保全・修理などを担当している現場の作業員と協力して、システム開発を行っていく。当社には品質管理課があり、検査や保証管理を行う担当者もいるので、システム開発以前に、生産技術と現場からどういうデータを抽出していくべきかなどの要望を聞く必要があるだろう。人材が必要となった際に、適宜調達して整備していく予定である。

例えば、ある制御機器メーカーの事例では、50人いる生産技術の作業者で工場の「見える化」に挑戦したが、上手くはいかなかった。そのため、他社から技術者を導入し、見える化を実施してもらったという。ただし、他社の技術者を導入すれば、費用がかかってしまうため、自社で養成しようと考えているという。こうした事例をみてもわかるとおり、データサイエンティストが必要とされている。データサイエンティストが自社の製造ラインを可視化することができれば、データはITベンダーに委託するだけではなく、経営者や管理者が評価判定することで効率的なIoT化も可能である。経営者の要望を聞いて、自社で最新技術を導入していく必要がある。生産現場がわかるだけでも不十分であるし、データのことが技術的にわかるだけでも十分とはいえない。両方の事柄に十分ノウハウをもった人材を内部で養成することが私たちに求められているのである。IoT研究会に参加したこの1年により、新たなデータサイエンティストが当社に誕生しつつある。彼に強く期待したい。

　社内にこうした情報共有や自動化といった知見がもっと広まってほしい。今回当社でこのIoTの導入を推進したのは、社長直轄の技術部内にある1つのプロジェクトチームであった。この1年で少しは社内のIoT認知度も上がったのではないだろうか。手始めにこれまで捨てていたデータを蓄積したいと考えている。そのデータを管理・分析することが重要だと思う。情報共有の重要性を社内全体で学んでいきたい。

3）他社へのアドバイス

　一番感じたのは、何よりもまず"IoTありき"で始めるのはおすすめできない。「正田IoT物語〈パート1〉」でみたような、「生産ラインにセンサーを付け、通信機器を介して、そしてスマートフォンを使って…」などと考えていくと、なかなか構想は難しい。IT技術が遅れているからこそ、それを打開して拡張しようという"アイデアありき"が功を奏したのだと思う。IoTの導入を積極的に考えている企業ほど、"IoTありき"のイメージが先行してしまっていることはないだろうか。大げさに考えずに、**「自社にできるところから導入し、少しずつ切り崩していくこと」**こそが重要であると思って

ほしい。

　導入を開始したからこそ言えることではあるが、**所詮はIoTも「技術であり、道具である」ことを忘れないことが重要である。**

4）IoT研究会参加の感想

　IoTについて学ぶことができた点は大きい。もちろん、これからも技術導入に苦しむだろうと思う。それは社内の壁がまだあるためである。IoTについて理解できていないため、事業計画のなかでも優先順位が下がってしまう。

　しかしながら得られたメリットはかなり大きい。「正田IoT物語」という構想が出ただけでも大きな利益と考えている。将来に向けて、量産の「モノづくり」の方法と加工プロセスの自動化といった2つの大きな目標が固まりつつある。

　もし研究会に参加していなければ、こうしたITを導入した生産ライン構想などはでなかったと考えられる。その点で大きく感謝したいと思う。「超短納期」構想についても同様である。

　まずは構築されつつあるこの大きな戦略のアウトラインが固まったので、うまく進めたい。データサイエンティストの養成も同様である。IoT推進中の企業として、今後他社からの視察を受けることもあるだろう。その際に、当社の規模でもこうしたデータサイエンティストを養成できたのだという点は大きなアピールポイントとなる。他の中小企業に対してもアピールできれば良いと思う。

　これまで、アナログ式な手法で相当多くのことを進めてきたが、研究会参加により、まさに"目を開かせて"いただけたように思う。当社の生産ラインにとって大きな転換点になった。世界で通用するような生産方式をIoTとともに目指していきたい。

2-4

多品種少量生産の小規模工場にとってIoTとは？
株式会社ダイイチ・ファブ・テック

〈会社概要〉

　ダイイチ・ファブ・テックは、レーザ加工技術による精密板金・製缶加工、プレス加工、プレス用仮型製作を行う部品製造メーカーである。

　ダイイチ・ファブ・テックには次のような特徴がある。経営面では、借入れはすべて公的資金を用いることで着実な経営を継続している点である。今回のIoTに関する技術導入についても、国が提供する公的補助金を積極的に利用することで、堅実な経営と技術革新を並行して行っている。生産面では、顧客のニーズに応じるため、部品1個から数百個単位でも受注を行っている。また無駄な材料コストをカットし、時間短縮を可能とする製品見積もりを提供することで、製品付加価値向上に日々邁進している。

▼売上高

　売上高推移をみれば、2000年以降、売上を伸長させており、3億円台に到達しつつある。大量生産から小ロット生産まで、変種変量生産・短納期注文の要望に幅広く答えることが、他社にない独自の強みである。技術面では、CO_2 3次元レーザ・YAGレーザ複合機など最新鋭のデジタル板金加工機を使用することで、各種材料を問わず、広範な機械加工を行っている。品質面でも、ISO9001を2000年に取得し、また3次元測定機を完備することで良質な製品の提供を実現している。

　ダイイチ・ファブ・テックは近年、特に加工技術の3D化に注力してきた。それは従来の製造体制にいくつか課題があったためである。従来、金属加工は三角法図面を基に、板取りをして作業していた。これは作業者の熟練に大きく依存し、多くの時間を要していた。そこで2013年以降、経営革新計画のなかで、導入したのがCADシステムの3D化である。多関節ロボットによる部品輸送、多軸制御の工作機械および3D加工機（3次元レーザな

ど）の使用により、金属加工方法の3D化を実現した。これにより生産ラインでは、製品のコンパクト化・省スペース化・軽量化・複合化・省エネ化が進み、生産性が向上した。

　生産管理システムについては、（株）テクノアが開発したTECHS-BK Ⅱを導入している（**図表2-4-1**）。このソフトが優れている点は、紙媒体やExcelなどで管理していた情報を電子化し、検索可能となる点と、バーコードでの実績収集により工程の見える化が可能になる点である。システム導入後は、顧客からの問い合わせに、現場に行くことなく応対できるようになり、また必要な図面をすばやく表示することが可能となった。

　このようにダイイチ・ファブ・テックは、製造工程や生産管理システムの更新を続けてきた。高精度・高速度加工を可能とする、最新鋭のデジタル加工機を利用し、併わせて情報化による生産管理システムおよびISO9001に基づくPDCAサイクルを運用することで、顧客からのさまざまな単価・品質・納期の要望に日々応えるよう努めている（**図表2-4-2**）。

生産管理システム
TECHS-BK Ⅱ

加工機6種の電流変動を
パソコンに取り込むことで
情報を電子化

〈改善効果〉
・受注管理／作業指示
・実績管理／売上管理
・進捗管理／発注管理

バーコード付きの作業指示書

図表2-4-1　生産管理システム

● 株式会社ダイイチ・ファブ・テック

創業	1965年
資本金	1,000万円
従業員数	27人
年商	3億円
本社所在地	茨城県水戸市谷津町1-72
事業内容	・2次元、3次元 CO_2 レーザによる金属、非金属の穴明および切断 ・YAG レーザ複合機による穴明、切断、タップ、フォーミング加工 ・精密板金、製缶 ・マシニングセンター、CNC旋盤による機械加工 ・プレスおよびプレス用仮型の製作
主要取引先	株式会社日本ビルシステム フォルム株式会社 水戸暖冷工業株式会社

図表2-4-2　企業概要

Interview
代表取締役　金森良充氏
事務グループリーダー　照沼友珠氏

2-4-1　IoT導入のきっかけ

1) 工場の見える化

　当社ではこれまで、生産システムを絶えず拡張してきたが、最近、改善す

べき課題が見えてきた。それは「工場内部の流れ」を、私たち自身が完全に把握できていないことである。生産ラインに最新の技術を導入してはいるものの、各工程の作業は現場の生産管理責任者に負うところが大きい。複雑な仕事内容であっても、良い意味で、熟練した彼らが現場で対処できてしまう。そのため、製造ラインの情報を管理部門で収集・分析できていない。このように、工場の「見える化」が徹底できていないので、改善すべき非効率な工程を明確に把握できていなかった。そこで利用可能な新たな技術を探し求めていたのである。

それというのも、昨今の製造業を取り巻く技術革新の変化には目を見張るものがあるからだ。当社は大手企業の要請に適宜応じていくためにも、そうした最新の技術を取り入れていく必要がある。今回IoT導入に強く魅力を感じ、導入を決意したのも、新技術を他社に先駆けて導入し、当社の生産性改善に活用できると思ったからである。

そこでまず、「IoTについて知ろう」というところからスタートした。そもそもIoTという言葉は、ここ最近よく耳にすることが多くなり、またセミナーなども徐々に行われているようだが、私たちがどのように活用すべきか実態が曖昧であった。

例えば自動運転技術の急速な発展により、自動車の無人運転が今後数年以内に実現するといわれている。そうした「自動化」が普及した社会が実現すれば、現在のような部品加工メーカーも大きな変化を迫られることは明らかであろう。そうした今後予測される技術革新に対して、「どう対処したら良いのか」「どうしたら生き残れるのだろうか」という強い危機感があった。「もっと具体的な内容を知る必要がある」—茨城県でIoT研究会主宰の岩本氏の講演を聞いて、その思いはますます大きくなっていった。こうして当社は、IoT研究会に参加し、実際に自社へのIoTの導入を模索するに至ったのである。

2) IoTへの期待

本書を手に取っている読者も、まず「IoTとは何ぞや」といった疑問や興

味関心など、少しでもIoTについて知りたいという思いを持っているのではないだろうか。研究会参加の打診をもらった時点では、私たちもまったく同じ状況であった。「IoTとは何か」「その活用法を知りたい」—そうした知識欲に駆られてスタートした。しかしながら、IoTについて知れば知るほど、ますます現場に即した知識や、より具体的な経験談を得たいと考えるようになった。単に自主的な勉強に留まるのではなく、実際にIoTを導入している大企業と意見を交換し、アドバイスを受けることで、そのケース・スタディを自社に活かしたいと思い、研究会へ参加したいという思いは、ますます強くなっていったのである。

　研究会を通じて、具体的に私たちがIoTに期待した効果は、生産管理責任者の仕事を自動化することで、工場の「見える化」を推進することである。製造ラインで実際に動く機械や製品を、情報で管理することで、生産過程で発生する問題や急な受注なども含め、効率的な製品供給を行いたいと考えている。また前述したTECHS-BKⅡに関しても、十分に活用できていないのが実態である。確かに作業票をバーコードで読み取り、進捗管理等を行ってはいるが、実績時間と標準時間のズレの原因を追求する、実績時間からくり返し品の標準時間を確定する等の使い方ができているとは言い難い。

3）IoT化とわが社の課題

　「モノ」と「ヒト」とをIoTを介して管理し、加工状況に応じて受注できるように、生産ラインを自動化することで、効率的な生産管理システムを運営していきたい。より具体的に、当社のIoT導入への課題を示そう。

　各種機械の稼働状況や進捗具合に関するデータをリアルタイムで管理できていないため、「モノ」がどこにあるのか、「ヒト」が何をしているのかなど、製造部門全体の情報を一元的に管理できていなかったのである。会社全体でこうした課題に対処したいと考えていた。

　データを把握できていない以上、現場責任者以外に誰も製造ラインの実態を把握できていないことになる。当社は部品単位で受注生産を行っており、また特殊製品の注文にも応じている以上、特定の製品が特急で受注されれば、急遽、工場の生産ラインが停滞してしまうこともある。こうした設備の

稼働状況がアンバランスとなってしまうのは避けられない。結果として、各製造ラインで特定の加工機械に作業が集中してしまい、作業量はバランスが悪くなってしまうのである。

　生産ラインをみると、一方の設備ではフル稼働状態で、また一方では遊休状態や受注超過といった光景が頻繁に見られる。製造ラインの流れが非効率的となってしまうのである。注文を受けた際や、即座に納入を求められる際、製造ラインでは特定の加工機械に大きな負荷が掛かる。作業量の均等バランスが崩れるため、製造ラインが停滞してしまうのである。加工機械の負荷バランスを平準化できないことで、製品ごとに、見積もり時間と実際の作業時間との間に、ズレが生じてしまう。納期が遅れてしまうため、生産性悪化に直結する問題である。

　例えば、レーザにある一定量の負荷がかかった場合、他のレーザに自動で仕事を振り分けることで作業を分散できるようなシステムがあれば導入したい。それによって作業効率の向上を図りたいと考えている。

　一日の作業量を「見える化」し、工程ラインの能力を超過した場合には、自動的に作業の前倒しや、他の機械への割り振りができるような生産管理システムが望まれる。

　以上を勘案すれば、①センサー付加工機でデータを収集・分析し、②生産管理を徹底し効率的な生産ラインを構築することで、③計画通りに生産から納期までを完遂していくことが可能となる。

2-4-2　IoT導入の過程と成果

1)　導入にあたって

　「知りたい」という動機から研究会に参加したが、参加後はより実践的な意見をもらえた。実際の導入過程は後述するが、例えば非接触の電流計で稼働機械に関するデータを収集するなど、具体的な活動にも結びついている。IoTによる生産管理システムの自動化実現に向けて、生産体制改善のための環境が整いつつある（**図表2-4-3**）。

　すでに述べたとおり、自動運転技術などを考慮すれば、数年後、部品加工

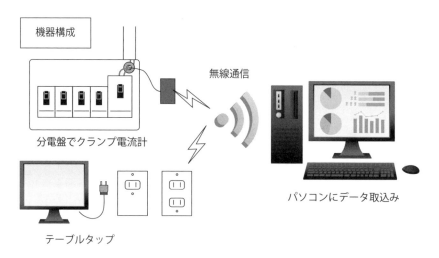

図表2-4-3　作業工程のIoT化

メーカーの業界では大きく様相が変わることは想像に難くない。もちろん、すべてが急に自動化され、人間の手がまったく入らなくなることはないだろう。しかし、多くの加工機械メーカーは、いずれも自社加工機の性能を争っている段階に留まっている。IoTを導入して製造工程を自動化する段階にまでは到達していない。メンテナンスや本社工場と分工場との情報一元化など、特定の工程や限定的な部署間でのIoT化に限定されている。

よって、まず私たちに求められているのは、何よりも「実際に行動する」ことであった。加工機からデータを収集し、それを生産効率化のためにいかに活用していくかが課題なのである。

2) 研究会参加後の新たな発見

自社の課題追求に加えて、研究会で「IoT実践者」の生の声を聞くことで、新たな課題も見つかった。当社の視察や研究会で指摘された課題は何かというと、生産ラインで発生している問題の原因が、「モノ」に起因しているのか、「ヒト」に起因しているのかを追求すべき点である。そのためには、システムの効率的な運用と費用対効果に応じた投資計画の実施という判断基準に注意を払う必要がある。

● 「モノ」に起因した問題

　発生している問題の原因が「モノ」であれば、前者の生産ライン・生産管理システムを改善する必要がある。当社ではそれまでに導入していた生産管理システムを完璧には使いこなせていなかった。いまだに全部の機能を使いこなすまでには至っていない。

　「現状のモノとヒトの動きが把握しきれていない原因も、このシステムを理解することで少しでも解消できるのではないか」—日立製作所から、生産管理システムについてこのような指摘を受けた。そして営業戦略についても、三菱電機から同様の助言をもらい、利用した情報を収集・蓄積していくことを勧められた。「機械設備での活用は進みつつあるが、多方面でもうまくアピールしていくべきだ」との指摘も受けた。設備の潜在的な生産能力をしっかりと引き出した上で、稼働設備から抽出したデータの分析を行い、生産の流れを一層改善していく方法を模索していくことが求められるのである。

● 「ヒト」に起因した問題

　生産ラインで発生している問題の原因が「ヒト」であれば、どうすれば良いのか。投資対リターンに関する視点を意識する必要があるとの指摘を再三研究会で受けた。既存の生産システムを効率的に運用していくことと併行して、その限界を把握して、「ヒト」の管理を徹底することで対策を峻別することもまた重要なのである。

　例えば、IoTを使って工場ラインの進捗などを管理することは、実は人間が行ったほうが効率的で、費用を安く抑えられる場合もある。実のところ当社も、「IoTが単にセンサー付加工機によるデータ収集に止まっていてはおかしい」「収集したデータを何とか活用したい」という思いから、作業量の自動振り分けについては、「AIもどきの自動システムがあれば良いな」と考えたこともあった。IoTデータを利用しつつ、プログラムされたAIを活用し生産工程の割り振りを効率的かつ迅速に行うようなシステムがまさにそれである。同じ工程をいろいろな機械で加工できるようになったが、工程の混みぐあい、効率性を勘案し、生産計画を立てるのは小規模工場に集まるヒトの能力を超えている。本格的なAIではなく、あらかじめプログラムされた

AIを活用し生産工程の割り振りを効率的かつ迅速に行うような生産管理ソフトである。

こうしたAIは、大企業のIoT導入事例をみれば、複雑かつ判断が必要な作業工程の自動化に最適であるようだ。確かに高度なプログラミングのスキルや人工知能などの活用が昨今増加している。しかし、そうした技術には多額の費用がかかり、またその技能を導入するには高度なスキルが必要である。あくまでも「大企業向け」である。対して小規模企業では、中長期的な投資計画は資金が限られているため容易ではない。無理にそうした技術を導入しなくても、人的管理をまず徹底して行い、ヒューマンエラーを減らしていくほうが割安に済ませることができる。依然として人間が行ったほうが、コストを割安に抑えることが可能なので、判断を要する作業などは「ヒト」に任せるべきだと再認識した。投資をしてどのくらい回収できるかを考えれば、大企業であれば人も資金も豊富であるかもしれないが、私たち小規模企業にとっては資金面で限界がある。「どこまで資金を投じ、どこまで実行したら良いのか」と考えた場合、なかなか大企業のような導入事例を即採用することはできない。

●対処法

闇雲に投資対リターンのわからない高価な技術を導入するのではなく、ハイエンドな技術は次の課題に回し、まずは身近な技術の利用を進めたい。それにはIoTによる作業工程の自動化とマンパワーの管理による工程の改善とを棲み分けることが重要な対処法である。企業のIoT化には、データを収集、分析することで十二分に吟味し、非効率な生産工程の特定を行わなければならない。具体的には、ミーティングでその日の作業計画や配送予定を確認し、顧客からの催促や、急ぎの作業などの情報を徹底して共有することで人的なミスを解消していきたいと考えている。

当社では1つの機械に1人の作業者がついている。作業者は合計20人である。一人ひとりの作業者は作業指示書どおりに、マネージャーの指示に従いながら割り当てられた業務を進めていく。20人が独自に判断して作業を行う場合、不意の変化には、なかなかうまく対応できず生産性が低下してしまう。そのため、この20人を管理するマネージャーが生産工程の進捗におい

```
┌─────────────────────────────────────────────────────────┐
│ ① IoT技術を活用できる人材がいない                          │
│   =教育・研修を通じて作業員の      ⇒ 技能研修への参加      │
│    スキル向上を目指す                                    │
│                                                         │
│ ② 社内の情報が十分管理できていない   ⇒ 加工機の稼働データを収集して │
│   =「工場の見える化」が必要            実態を把握           │
└─────────────────────────────────────────────────────────┘
```

図表2-4-4　解決すべき課題

て重要なファクターとなる。このマネージャーは各作業の知識を豊富に持っており、状況に応じて判断を行っている。AIなど導入しなくても、このマネージャーが見て即座に正確な判断できるように、データ管理を活用していきたい。リアルタイム生産ライン調整は、「ヒト」の面からも考えていきたい。

　研究会でのご指摘を受けて、私たちは企業でも実現可能な範囲で、稼働データの収集とIoT技術の修得を行い、工場の「見える化」を実現していくこととした。そのため、当社ではIoTのスキルを学ばせるため、社員への人材教育を行った。その上で学んだ技術をもとに稼働率データ収集を開始している（**図表2-4-4**）。

3) 投資内容

　具体的に当社の生産設備IoT化には、何よりもまず稼働データを収集することが必要であった。

　今回まず行った取り組みは、IoT化を実施するための知見を学び、実際に取り込むことである。新しい技術を学ぶため、茨城県工業技術センターの協力を得た。同センターは、「企業等IoT自動化技術導入促進事業（茨城県委託）」の一環として、IoTの知識や経験のあるプログラマーやデータサイエンティストなどの専門家を派遣し、またIT化・IoT化に関するセミナーを行っている。これまでもこうしたセミナーに参加していたこともあり、生産管理システムの共同研究が決定したのである。

　工業技術センターが提供しているのは、次世代技術活用人材育成事業の応用過程研修「工場設備の見える化を睨んだIoT化技術の習得コース」であ

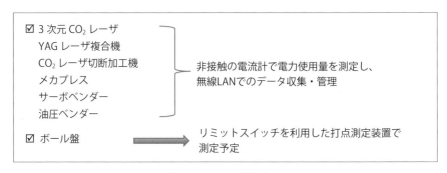

図表2-4-5　投資内容

る。研修は講義・実習・データ収集に分けて修得する形式である。このコースに参加することで、IoT技術に関する人材育成を行い、習得した技術で当社の課題を解決することが目的である。IoT化に必要な技術・計測手法を実際に学ぶことで、当社の課題を解決できるような、データ管理システムを構築可能な人材を育成し、得られたデータを定量的に分析することでIoT化の有用性・導入効果を明確にしたい。

　研修では、「どの加工機のデータを、どうやって収集していくのか」を決定するため、データ収集項目の整理・収集に必要なセンサーの選定・計測ユニットの開発および計測手法の検討を行った。

　私たちとしてはCNC加工機（数値制御工作機）を主体としつつも、可能であれば手動で動く機械についても取り上げたいと考えていた。そのため、データを取得する加工機はレーザ、プレス、ベンダー、溶接ロボット、ボール盤などとした。詳細は**図表2-4-5**のとおりである。

　レーザ、プレス、ベンダー、溶接ロボットは、工業技術センターがすでに開発し、当社においても3カ月ほど電力使用量測定に利用した「無線LANを利用した非接触の電流計」を活用して、稼働率の測定にすでに成功している（**図表2-4-6、図表2-4-7**）。ボール盤はリミットスイッチを使用した打点数測定装置を製作する予定である。集めたデータを解析するソフトをExcel. VBAで作成することで、生産ラインの問題を改善していきたいが、「無線LANを利用した非接触の電流計」では稼働状況は把握できるものの、具体的にどの製品を加工しているかはつかめないので、別途バーコードなど

3次元 CO_2 レーザ

2次元 CO_2 レーザ

溶接ロボット

図表2-4-6　工場内機器（1）

45トンメカプレス

YAGレーザ複合機

トルンプ4mベンダー

図表2-4-7　工場内機器（2）

第2章　中小企業がIoTをやってみた

での製品名の読み込みは必要となる。

　センサーによるデータ収集の方法については、比較的設置が容易な、電流値測定モジュールを選択した。これは以前、電力使用量を測定した際に利用したシステムをそのまま応用することができたためである。非接触の電流計を加工機の配電ケーブルに接続し、無線LANでパソコンにデータを送信することによって、稼働時間データを自動で収集することが可能となったのである。このように工業技術センターの協力で工作機械6台はすでにセンサーの取付けが完了し、もう1台にもセンサーを取付ける予定である。現時点ではここまでの段階であるが、可能であればカウンターによる測定も導入していく予定である。

　導入したIoT技術の具体例を紹介する。**図表2-4-8**は、ベンダー作業での電流測定プロセスを示している。まずベンダー作業で発生した電流を測定する。計測で把握できるのは、「どの工程が、いつ、どれだけの電流を必要としたか」というデータである。計測後は、モジュールPICに組み、無線通信規格のXBeeでデータをパソコンに送信する。続いて送られたデータを

①モジュールPICを介してPCで電流センサー計測

②XBeeによる送信

③VB.NET専用アプリで受信、Excelでグラフ化

図表2-4-8　ベンダー作業の稼働率データ収集方法

図表2-4-9　データベース化

VB.NET専用アプリで受信し、エクセルでグラフ化するのである。

　稼働データの抽出ができたことで、TECHS-BK Ⅱとの連動が次の課題である（**図表2-4-9**）。バーコード作業実績と電流測定値から生産ラインの動きがデータで把握できれば目標に近づく。現状、すべてのデータをリアルタイムで管理する段階までにはまだ到達していないが、各設備の情報を少しずつ収集できている。電力測定が可能になったので、稼働状況が把握できるようになった。可能ならば順次データ取得方法を拡大していく予定である。工場各部の流れが徐々にデータとして"見え"始めてきたのである。

2-4-3　IoTを実際に導入してみて

1）投資対リターン

　資金に余力があれば投資はもちろん行いたい。ただし、技術導入というものはすぐに効果がでるわけではない。そのため短期的なリターンは考えてお

【稼働率向上による改善効果】

NO.	機械名	能力	メーカ	センサー	予算（円）
1	CO_2 レーザ	4KW	トルンプ	電気量	50,000
2	CO_2 3次元レーザ	4KW	三菱電機	電気量	50,000
3	レーザパンチ複合機	3KW	トルンプ	電気量	50,000
4	トルンプレーザ溶接	4KW	トルンプ	電気量	50,000
5	ハンドリングレーザ溶接	800W	トルンプ	電気量	50,000
6	NCベンダー	320トン	トルンプ	最下点	50,000
7	NCベンダー	160トン	コマツ	最下点	50,000
8	NCベンダー	80トン	アマダ	最下点	50,000
9	NCベンダー	55トン	アマダ	最下点	50,000
10	NCサーボベンダー	36トン	トルンプ	最下点	50,000
11	クランクプレス	200トン	オートメ	最下点	50,000
12	クランクプレス	150トン	オートメ	最下点	50,000
13	クランクプレス	110トン	アイダ	最下点	50,000
14	クランクプレス	45トン	アイダ	最下点	50,000
15	クランクプレス	45トン	アイダ	最下点	50,000
16	サーボプレス	110トン	アイダ	最下点	50,000
					800,000

上記の工作機械に正社員14名、パート6名が従事しているので、例えば、稼働率5%アップした場合、$(8 \times 14 + 6 \times 6) \times 0.05 = 7.4$ 時間が1日当たり削減可能となる。

図表2-4-10　投資対リターン

らず、長期的な視野で経営方針を決定したいと考えている。来年度は市況からみて投資はできそうなので、タブレットの導入などを積極的に行っていきたい。

現段階では、センサーをつけ、電気使用量を把握しているだけなので、目に見える効果はでてはいない。そこで仮に、データから作業工程を改善することで、稼働率が上がった場合に得られる効果について試算を行ってみた。

例えば、**図表2-4-10**のとおり、工作機械に正社員14名、パート6名が現在従事しているので、稼働率を5%改善させた場合、1日当たり、$(8 \times 14 + 6 \times 6) \times 0.05 = 7.4$ 時間を削減することができるという試算結果を得ている。センサーの取付けがすべて終了した後、稼働情報を適切に処理することで作業量を的確に配分していきたいと考えている。

2) 今後の課題

　データを測定し、蓄積したのは良いのだが、どのように利用していくのかという課題は依然として残ったままである。目的のないデータ収集はまったくの無駄であるので、まずは収集したデータを加工し、潜在的な製造ラインの問題を把握していきたい。

　次の課題として、以下の3点を計画中である。

　1つ目は、加工機から収集した稼働率データと作業票とを連動することである。今後は各工程における稼働データの収集を行っていきたい。VB.NET専用アプリで、作業票は生産管理ソフトTECHS-BK Ⅱでパソコンへと取り込みが終了している。両者を照合することで、作業工程の「見える化」はもっと徹底的に実現するであろう。データベースと各生産管理システムが連動するよう、システムの再設計にも挑戦したい。

　2つ目は、データの利用方法である。「データ収集」と「データによる見える化」との間にはギャップがある。データをいかに活用するのかは難しい。優先的な活用計画は、やはり作業量の負荷バランスを分散するシステムの開発である。現在、CAD・CAMを製作販売しているITベンダーと、リアルタイムで生産を最適化するソフトウェアの開発を相談中である。このソフトの開発が進めば、例えば、特急品を受注した場合、受注処理が終わるや否や、特急品の納期に間に合うようにリアルタイムで作業指示が自動で変更される。同じ工程加工のできる加工機が複数ある場合、仕事がはかどっている機械にリアルタイムで優先的に仕事を割り振ることが可能である。その際、データの閲覧やカメラによる視覚情報の利用が容易にできるよう、タブレットを導入する予定である。製造ラインの不具合や停止の原因など、一律かつ視覚的に情報共有できれば、適切な処理ができるだろう。また、発注親会社や分工場との間にも稼働データを活用したいと検討している。向こう1週間程度の各機械稼働データから勘案し、「いかに親会社の納期を遵守していくのか」「分工場との作業分担は現在可能なのか」といった対応も可能となる。発注会社・分工場との関係も改善できるよう、生産管理ソフトの連携を高めていきたい。

　3つ目は、製造部門以外へのデータ利用である。前記のとおり、当社での

IoT技術は現状では、製造部門への利用が主である。そこで、収集したデータをより活用するために、営業や社内教育の場に導入することを検討している。営業面については、VPN（Virtual Private Network）を利用して社内LANを活用したい。例えば、営業の際に製品加工の様子をビデオで見せるだけでなく、その時点における実際の生産ラインの情景をオンライン映像で提供することができる。「どのような加工をしているか」をダイレクトに見せることで、製品の視覚情報を顧客に伝えることが可能となる。あるいは社内の生産管理ソフトにアクセスし、各工程の混雑状況を見て納期回答を行うなど、即座に顧客が求める情報を提供可能となる。検討段階であるが、当社は非量産型の生産体制であるので、「1ロット何百個」という注文を受けることもある。こうした受注には、社員が帰った後に自動で加工機をリモートで操作したり、ネットを介して状況を見たりなど、多用な活用方法を実践してみたい（図表2-4-11）。しかも社内の加工データはすべて3DCADを製作し、また溶接のロボット、搬送用ロボットを含めすべてのCNC加工機にCAMを完備しているので、IoTの活用も容易と考えられる。

　これら1つ1つはすでに実証段階にある。このようにIoT技術を社内に導入する過程で、いろいろな課題に挑戦していきたい。念願であった、作業量の平準化を含めた社内生産システムの情報化・IoT化は、あと一歩のところにまで到達していると考える。

3）感想

　IoT研究会を通じて、大手ベンダーの大変素晴らしい技術を拝見した。しかし実際、私たち小規模企業の立場で意見を言わせて頂けるのであれば、もう少し安価に導入できる技術を探し出していくことが重要であると思われる。自分たちと同じ規模の企業が採用しているIoTについての成功事例があれば、より一層参考になるのではないかと思う。

　現在のIoT化の流れの1つの特徴は、センサー類を含め安価に構築できる可能性があることだと思う。やはりデータを収集して、活用して経営を効率化しようという路線で、企業がIoT化を行うには、ビッグデータの収集方法でも、そのために要する資金でも限界がある。センサーをつけるなど、IoT

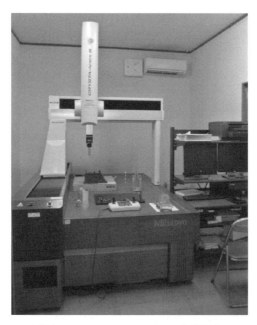

図表2-4-11　CAMによる自動測定

を導入するのは誰でも発想自体は容易にはできる。ただし、それだけでIoTを導入したことになるのかといえば、データを活用できていない以上使いこなしているとはいえないだろう。いまだに当社も使いこなしているという実感はない。

　センサーを導入し、データを収集して初めて、それをどうしたら良いのかというところにたどり着く。そしてそこからも活用するまでには時間が必要となる。データを収集したことで少しは漸進したと安心してしまってはだめである。そのセンサーを使って「仕事をどうやって効率的にこなすことができるのか」などを念頭に置く必要がある。

　IoTを導入しようと考える企業の方は、まず今ある生産管理システムを100%活用することに注力してほしい。ある程度の課題は、それだけでかなり解決できると思われる。当社でも同様である。考えれば考えるほどに、「多品種少量受注生産工場向けのIoTとは具体的にどのような設備・技能で行うのが効率的なのだろうか」「本当にIoTを活用して、投資リターンを得

るにはどうしたら効率的なのであろうか」という疑問が頭をよぎった。いまだ正確に理解できているのかと疑問も残る。こうした問題点や疑問は今後も考えていきたい課題である。

　IoT技術は最近ますます周知度が高まったように思う。農業分野でもIoT化が進んで生産が効率化していると書物で目にしたことがある。売上に直結するような産業もあるようだ。対して小規模部品加工メーカーでは、ITの活用すらも進んでいないのが現状である。ここをどのようにIoTで効率化していくのか、課題を模索していきたい。どこに課題があるのかを見つけないことには解決策は見えてこない。課題ありきで、課題を絞って、データから解決策を模索していきたい。

● **人的管理が大事**

　IoTを導入するためだからこそ、むしろ人的管理を行うことが重要であると改めてわかった。現場労働者が自身でも「考える」ということが重要なのである。手段であるIoT化を活用していけるように、その「考える」力を強化していきたい。5S（整理・整頓・清掃・清潔・躾）などのスローガンを徹底し、職場環境をも含めた生産ライン改善を今後の目標として目指していきたいと考えている。

　特に私たち小規模製造業はこれらの課題に真剣に取り組まなければならない。3次元プリンターの誕生などをみるに、旧来の部品加工メーカーなどは不要になるという時代が到来しつつあるかもしれない。現在はまだ人の手などがどうしても必要であるが、早晩、そうした技術的な問題も改善され、すべて自動化されかねないと思う。私たち加工業者は、5年後、10年後にどれほど生き残ることができるのだろうか。岐路に立たされているということを自覚して動向を伺う必要がある。最新のIoT技術に乗り遅れることなく、自社に合ったかたちで昇華し、生産現場に活用していきたい。

第3章
IoTでここまでできる

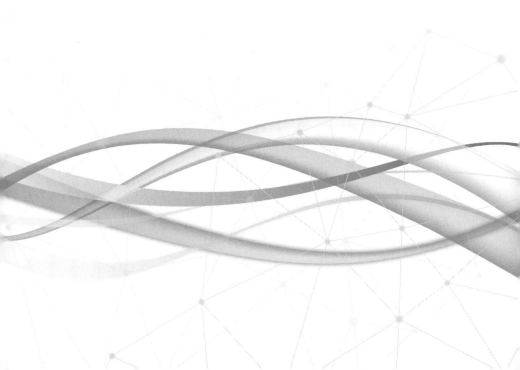

3-1
中小企業でIoTを導入するために

高鹿初子

　IoTに関して、ドイツ、アメリカなどの海外での取組みや事例がメディアでも紹介されるなか、日本でも先進的な取組みが紹介されるようになってきた。大企業、中小企業を問わず、先行して取り組んできた企業のなかには成果を上げているところも出てきている。

　具体的な取り組みも始まってきたIoTであるが、「関心はあるもののどうしたらいいかがわからない」「IoTへの第一歩を踏み出すことができない」という企業も多い。また、「自社には関係がない」と現実から目を背けている企業もある。このような企業も、IoTでどのようなことができるのかを知り、気づきを得ることでIoTに取り組むきっかけになるだろう。

　本節では、まずIoTとして考える対象領域を明らかにし、次に具体的にIoTでできることを紹介し、最後に中小企業がIoT導入を進めるために考慮すべきことを述べる。

3-1-1　IoTを知る

1）IoTはつながること

　メディアなどで紹介される製造業のIoTの例の1つに、機械にセンサーを付けて稼働情報と壊れる予兆を知る、というものがある。そのためか、日本ではIoT（Internet of Things：モノのインターネット）はセンサーを利用してデータを集めて活用する、という認識が持たれている場合があるようだ。確かに、今まで集めることが難しかった機械や人の動きをセンサーによりデータとして集めることは1つの手段ではある。しかしIoTはそれだけの話ではない。

　IoTはIT（Information Technology）とOT（Operational Technology）の融合であり、現実世界である現場（フィジカル）でデータを集めて、IT

（サイバー）で蓄積し、集めたデータを解析し、知見の創出や人が判断するための支援、最適化、自律化するための解を出して、現場（フィジカル）で次のアクションにつなげる。このようなサイバーフィジカル（CPS：Cyber Physical Systems）の考え方が重要になってくる。さまざまなモノやプロセスがつながり、多様なデータを集め、デジタル化されたデータを分析し、新たな知見を創出し、対策する。つながることで今まで見えていなかったことが見え、新たな知見・新たな価値が生まれる。

IoTのキーワードは「つながる」であり、現場、企業、企業間がつながることである。今までは難しかったサプライチェーンのような企業間のつながりや、顧客も含めた企業全体の仕掛けとしてとらえるべきである。**図表3-1-1**に示すように製造業を取り巻くすべてがつながる対象となる。

2）IoTの進め方

中小企業からは、「IoTについて調べる方法がよくわからない」「相談相手

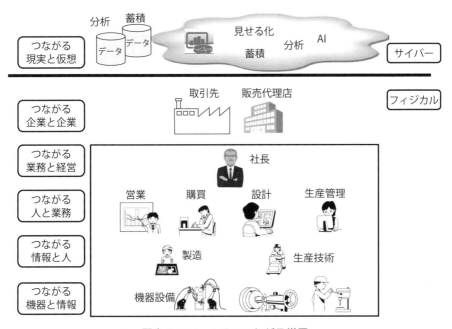

図表3-1-1　IoTでつながる世界

もいない」、といわれることも多い。特に、IoTはITとOTが融合した新しい概念でもあり、一般的なIT専門家は、ITは詳しいが製造業の工場現場の話は得意な領域ではないことが多い。一方で、工場の現場コンサルなど現場の専門家は、工場のオペレーションはわかるがITとのつなぎはわからない、という状況である。そのため、全体を通して製造業でのIoTについて相談できる相手が不足している。また、自社内でIoTを調べることができる人材も不足している。

●情報共有の場を活用する

今回のようなIoT研究会は、中小企業がIoTに取り組むためのきっかけとして有益だったのではないだろうか。1社でいろいろ調べることには限界もあり、複数企業での取組みは情報共有の場としても有効である。最近では、IoT推進ラボなど自治体が中心となり産学官で中小企業のIoT導入を支援する取組みも始まっている。これらの取組みに参加することはIoTについて考えるきっかけともなるので、機会があればぜひ積極的に参加することをおすすめする。

●スモールスタートのすすめ

IoTを進めるには、IoTでどのようなことができるのかを知り、自社の戦略のなかでどのように取組むかを考え、小さく試して、業務のなかで自社への適用や新しいビジネス創造などに展開していく方法を考える、という流れが1つのパターンとなる。IoTは「やってみないと効果がわからない」という面もあり、いきなり全社展開、ということではなく、スモールスタートで見極めることがIoTの進め方として有益である。

●投資の考え方

IoTの取組みを始めるにあたって、「どの程度の投資が必要か」という話題も中小企業からはよく出てくる。これについては図表3-1-2に示すように、「効果をどこに求める投資か」によって、企業として投資できる金額が変わってくる。既存の工場の自社内の効率化、ということでは高額な投資は難しいが、新設工場でIoT化に取組む場合や新しいビジネスを創造する、という場合には高額な投資が可能となるだろう。

これもスモールスタートをして、IoTでどのような成果を求めるのか、本

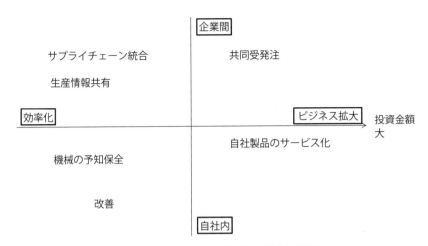

図表3-1-2　IoTでの取組み領域と投資

当に自社でやるべきことをしっかり考え、どこまで投資するかを考えることが重要である。IoTの導入では、すべての課題を同時に解決しようとするのではなく、モノとモノがつながった時に、メリットが生まれる可能性があるシナリオをベースに、現状の課題とあるべき姿を定義し、解決策を構築していくべきであろう。

● スモールスタートの例

　スモールスタートをする方法の1つに、Raspberry Pi（ラズベリー パイ）というシングルボードコンピュータを利用し、センサーを接続して自作の機器を作成するやり方がある。いわゆる電子工作である。必要なセンサーなどを組み合わせてハードウェアを作成して、機能を実現するためのプログラムを作成する。Raspberry Piは5,000円程度で購入でき、利用するセンサーの精度にもよるが安価なものであれば1,000円以下で購入できる。インターネットでも購入ができるようになっており、安価に試すための仕掛けを手作りすることができる。電子工作やプログラムのスキルはある程度必要となるが、手軽に試す方法の1つである。Raspberry Piを利用したIoTキット作成の講習会なども開催されている。今回のIoT研究会でも取組んだ事例がある（**図表3-1-3**）。

図表3-1-3　ラズベリーパイとセンサ

3-1-2　IoTでできること

　IoTの検討を進める場合、ツールや事例から何ができるのかを知り、自社のなかで「こんなことができるのではないか」と気づくことが1つのやり方である。ただし、事例はあくまでも他社の事例である。自社の置かれた状況などが違うなかで、他社と同じことをやれば同じ効果が出せる、ということではないと意識すべきである。

　IoT研究会の第1回目の会合で、IoTに関連するツールや事例を紹介したが、できるだけ具体的なイメージを持ってもらえるように動画を中心に紹介した。中小企業の経営者には、IT関係の難しい単語を羅列した説明は受け入れられないと考えたからである。紹介したツールや事例は、製造業で役に立ちそうな、わかりやすいものとした。

1）工場環境の見える化

　センサーを利用した事例としてよく登場するのが、「温度や湿度などの工場環境を測る」、というものである。

　1つ目の事例は、植物工場のなかでセンサーとWEBカメラを設定して

データを収集する例である。温度、湿度、CO_2、養液の水温などのデータと、生育状況の画像データを自動収集して分析し作物に最適な栽培環境を維持している。植物工場での例は測定の必要性が明確なのでわかりやすい事例である。

データは単に集めるだけでは使えない。集めたデータをどのように使うのか、が重要である。データを組み合わせて必要な人に合わせて見せ方を変え、気づきを与えることで、そこから変化を生むことが可能となる。生産の管理者が栽培データの解析結果を見て生産量アップを目指すだけでなく、工場長や経営層が育成状況と経営データをグラフなどわかりやすい形式で見ることで新たな気づきを得て工場経営を行っている。

実際には、センサーを設置してみないと求める数値が得られるのかがわからず、センサー設置場所などを試行錯誤で決定していく。温度、湿度などを測るセンサーには測定精度などにより金額が大きく変わる。どの程度の精度が必要なのか、工場内のどこにセンサーを配置するか、全体で何ケ所を測定するのか。これらによりセンサーへの投資金額も大きく変わってくる。

2) 作業者の動きの見える化

2つ目の事例は、作業者が動いた情報を集め、見える化して活用している事例である（**図表3-1-4**）。小さな発信機を作業者が携帯することで、作業者の位置、動いた場所の情報を集めることができる。中小企業では作業者が無駄な動きをしていると認識されていることも多く、作業者の見える化は中小企業にも興味をもってもらえるテーマである。

この技術を使うことで、作業者がいつ、どこにいたか、ということを知ることができる。作業者の動きを見えるようにすることで、作業者監視になる、と指摘されることもあるが、作業者を単に監視するのではなく、「作業者の仕事が楽になる」「作業者のためになる」という考え方が大切である。

しかし、単に人がどこにいたのか、という動きを見えるようにするだけでは役に立たない。

例えば、その人がそのタイミングにそこにいるのが正しいのか、間違えているのか、という情報と合わせてみることによって動きの無駄が発見でき

図表3-1-4　作業者の動きの見える化

る。「機械の前で想定外の時間をかけているのであれば、段取りに手間取っている可能性があり、部品棚の行き来が多い場合には部品供給に問題がある」などと気づくことで、作業の見直しに役立てることができる。

　この場合にも、発信機の導入費用を考えると、作業者全員に発信機を携帯させる必要があるか、どのような仕掛けとするのか検討する必要がある。

　また、IoTでデータを集めて活用していくためには、集めたデータ以外の業務のなかにある情報、例えば生産計画などとつなぐことで効果が出せる場合もある。この場合には、作業スケジュールなどのIT化をどうしていくのか、ということもあわせて考えていく必要がある。

　中小企業の場合には、作業スケジュールのIT化はされていないことも多く、中小企業のIoT化を進めようとすると、まずはIT化を考えるべき、という可能性もある。

3）機械の動きの見える化

　機械が正常に動いているかを見える化して、機械のチョコ停対策や予知保全に活用している例がある。

　機械の状況監視をリアルタイムに行うことで機械の状態を画面に表示して見える化できる。画面の表示が変わることで「いつもと違う」と見て気づく

ことができる。「気づく」ということが対策の第一歩として重要である。

　「いつもと違う」あるいは「止まってしまった」、という現象がわかっても、そこからどう対策すればいいのかがわからない、考えられない、ということでは次につながらない。

　予知保全のために機械の状況を取って故障につながる状況を把握したい、という要望を聞くことがある。故障の前触れとしてどのような状況になるのかがわからなければ、機械の状況を取り続けていても故障につながるのかは結局判断がつかない。予知保全のような取組みの場合には、長期に機械の状況を収集して、まずは「いつもと違うのはなぜ？」を地道に見つけていく必要がある。

4）現場の情報の見える化

　現場での実績をタブレットを利用して入力することで、現場の情報をつなげて見える化している例がある。現場ではさまざまな紙の帳票類があふれており、作業者が記入をしているためにタイムリーには状況を共有できない、紙からの転記に時間がかかる、紙への記入ミスや転記ミスなどが発生する、という問題がある。

　IoT研究会での参加企業からも現場での帳票類を見直したい、という要望があがっていた。参加企業からの要望は、帳票に記入しているすべての内容を機械などから自動的に取ってきたい、というものだった。しかし、利用している機械の種類も多く、機械作業以外に作業者による測定結果も帳票に記入するようになっており、すべてを自動的に取り込むことには無理があった。そこで、タブレットを利用した紙帳票のデジタル化、という事例を紹介した。

　従来、紙ベースで運用している業務をタブレット利用に置き換えることで、タイムリーに情報を関係者とつなぐことができる。それによりコスト削減に直結する現場作業の省力化を検討することができる。さらにヒューマンエラー抑制による品質向上といった業務改善の促進が期待できる。IoT研究会の参加企業での取組んだ事例がある。

5) 工程進捗の見える化

　電波を用いてデータを読み込むことができるRFIDを利用することで、作業者が意識せずに自動的に作業工程の着手完了の情報を集めることができる。RFIDと作業指示書を利用して、作業指示書が次工程にまわることで工程進捗が自動的にとれる。中小企業でも利用できるようにRFIDカードと近接アンテナを利用して安価な仕掛けで実現できる。

　製造業では自社だけで仕事が完結することはほとんどなく、複数企業と連携して仕事を進めている。例えば、部品の製作依頼、塗装、めっきなどは専門業者に依頼している中小企業も多い。このように仕事をまわす関係にある場合、他の企業ともスケジュール共有ができていなければ意味がない。自社でいくら頑張って仕事を進めても、他社からの部品納品が間に合わずに手待ちとなってしまう、ということも日常茶飯事で発生している。

　RFIDの仕掛けを取引先や協力メーカーと共同で利用することで、各社の作業進捗をお互いに把握することができる。お互いの進捗を知ることで、「そろそろ次の仕事が来るだろう」「自分のまわした仕事が着手された」など企業を超えて共有することができる。

　工程進捗管理をしたい、というニーズは高い。例えば、作業指示書にバーコードを印刷して、各工程の着手するタイミングと終了するタイミングにバーコードリーダーで読み込ませる、という方法を導入しているところも多い。しかし、作業者が工程ごとに正しくバーコードを読み込ませていないために、正しい情報が取れないことが多いのも現状である。

　1日の終わりにすべてのバーコード入力を行うので、作業着手完了時間がすべて同じ時間になっている場合や、全工程が終了したタイミングでバーコード入力しているというような場合もある。

　このような課題は、作業者が意識せずに工程の着手・完了のデータがひろえるRFIDを利用した作業進捗管理の仕組みで解決できる。

6) 3次元CADの見える化

　最後は、インターネットを利用して3次元CADをつないで、どこからでも3次元CADを操作できるようにしている例である。

中小企業でも3次元CADを導入しているケースが増えている。3次元CADを快適に動作させるためにはCAD 1台に対して1台のハイスペックパソコンが必要であり、設計者が自席でのみ3次元CADを操作するケースが多い。しかし、いろいろな部門や場所で3次元CADのデータを活用したい場面がある。インターネットで3次元CADをつなぎ、取引先の打ち合わせの場で、社内のハイスペックパソコンにアクセスして3次元CADを遠隔操作するケースである。

　自社の複数工場や出先、さらには自宅からでも性能の低いパソコンから自席の3次元CADをストレスなく操作することができる。ノートパソコンなどを利用し、取引先と打ち合わせをしながら3次元CADを遠隔地から操作してCADデータを修正し、顧客了承を得ることが可能である。また、遠隔地と同じ3次元CAD画面を見ながら双方で内容検討をすることもできる。

　東京の墨田区にある板金プレスの浜野製作所では、取引先で3次元CADのデータを見ながら打ち合わせを行う場合、3次元CADを持ち出せないので3次元の形状を何枚もカラーでプリントアウトして利用していることが多かった。

　インターネットを通して3次元CADを利用することで、打ち合わせ結果の修正ポイントのなかでも簡単なものであればその場で修正し、顧客の了承を得ることができるようになり、設計業務のスピードアップが図られている（図表3-1-5）。

　従来は夕方からの取引先との打ち合わせでも、打ち合わせ終了後に帰社して3次元CADのデータを修正するようなこともあった。それが出先で対応できるようになり働き方改革にも通じるものである。

3-1-3　IoTの取組み方

　IoTは取組み次第で新たな可能性が広がってくる。IoTは製造業のすべての領域を対象とした取組みであり、今までできなかったことを可能とする。

　6つのツールを紹介してきたが、IoTは目的ではなく、手段でしかないので、自社のなかでどのような取組みをするのかを社内で考えることが重要で

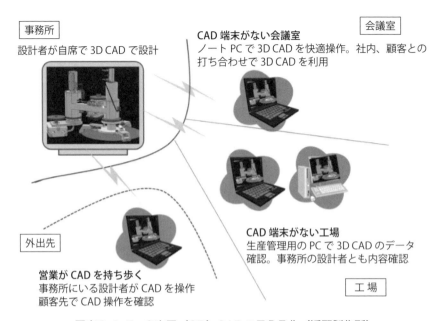

図表3-1-5　3次元（3D）CADの見える化（浜野製作所）

ある。自社の事業において何が課題なのか、自社で何をすべきか、がないと失敗する。全体像の地図を描きながら、小さく始めるスモールスタートで、何をやったら一番効くかというツボを見極める。そのツボは企業によっても違うはずなので、自社でしっかり考える必要がある。

　ただし、その取組み方はいろいろ考えられる。例えば、ツブツブを試行してみるスモールスタートの取組みは、社長と若手が一緒になって楽しみながら新しいことに挑戦する、あるいは、若手中心にプロジェクトを組んで勉強しながら進めるなど、IoTはいろいろな取組み方が試行できる可能性がある。そのような取組みにより社内でIoTを推進する人材も育てることができるだろう。いろいろな試行のなかから自社が将来どのようになりたいのか、につなげていく必要がある。これは社長が考えることであり、IoTを進めることは担当まかせとするべきではない。

　IoTを導入した後は、現場で自律的に展開していけるようにするべきである。IoTで今まで見えていなかったことが見えるようになり、新たな気づきが生まれ、それにより個人の気づきを全員で共有する。そのような活動か

ら、さらに大きな改革につなげることができる。

　また、自社製品を完成品として販売している場合には、中小企業であっても自社製品のサービス化は検討するべきである。IoTでサービス化することにより、自社のみならず顧客にとっても有益であり、新たな収入源となる可能性もある。

　日本のサプライチェーンの大きなウエイトを占める中小企業が、IoTの波に乗れないと日本経済の発展もない。中小企業も一緒になり、まずはIoTでできることを知り、気づきを得るところから第一歩を踏み出すことで、次につなげていくことができる。

3-2

画像解析技術の応用

角本喜紀

3-2-1　中堅・中小企業の状況

1）モノづくり現場の特徴

　IoT研究会に参加した企業は、板金加工、自動車ステアリング製造、電力制御機器、自家発電装置などの製造会社であった。本節ではこれら企業から聞き及んだ状況を執筆者なりに解釈して述べる。必ずしもそれぞれの項目が参加企業すべてに当てはまるものでない。

●多品種少量生産

　大手企業でも多品種少量生産はあるが、中堅・中小企業の場合、試作品までを含めると数個のオーダーもある。突発的な注文が来ることもしばしばある。事前に当日の生産計画を立案できればよいが、割り込みでの対応など当日作業のなかで現場作業者間で臨機応変に対応せざるを得ないこともよくある。

●作業者は複数の役割を担う

　ある時はCADデータを作成、ある時は製造機器を操作、それも複数種類の製造機器の操作を習得せざるを得ない現場もある。さらには財務管理や営業活動を行うこともあるかもしれない。従業員それぞれが高いフレキシビリティを求められる。

●投資できる予算は限られる

　1つの課題を解決するために投資できる予算が限られる。自らの創意工夫で設備を開発し導入した事例として、外部から購入した場合の価格の2桁少ない費用で必要な製造機器を自社開発した企業もあった。このような創意工夫はまさしくカイゼン活動であり、IoTはこのような活動を支援するもので、当然投資できる費用も同じ制約を受けることになる。

2) モノづくりに対するニーズ

モノづくりにおいて各企業が求めるニーズは、いわゆるSQDC、すなわちSafty（安全）、Quality（品質）、Delivery（納期）、Cost（コスト）に最終的に帰着される。これは大手企業だろうと中堅・中小企業だろうと変わりない。研究会でも具体的な議論がなされたが、そのいくつかを以下に記載する。

●リソースの効率運用

モノづくりでは通常、複数の作業工程を経て完成品に至る。各作業員のスキルが揃い、順調に工程が進めば問題ないが、①必ずしも各作業者の習熟度が一律でないがゆえ一部の工程で作業が滞留してしまう、②突発対応などで特定の作業工程に作業負荷が集中してしまう、ということが起こりうる。

このような場合、その後の工程がアイドル状態となってしまい、作業者間での作業負荷の不均衡や、工程間に仕掛品が不必要に滞留してしまう。これは結局のところ余分なコスト増につながる。問題解決の第一歩として、作業現場の工程進捗や作業進捗を詳細に見える化したいというニーズがある。

●作業実施の確実な確認

製造現場には新旧さまざまな製造機器がある。機器の状態確認のために、製造機器にある計器類を測定し測定結果を用紙に書き込んで集計することが多い。また作業工程の開始や終了をチェックシートに書き込む、もしくはキーボードやバーコードリーダーで入力する場合が多い。いずれも人手によるのでどうしても書き忘れや抜けが起こる可能性がある。これを安価で無理なく確実にやってほしいというニーズがある。これは安全や品質に関わる課題である。

●柔軟性ある作業従事体系

アルバイト作業者や高齢者など必ずしも熟練でない作業者でも作業できる業務を増やし、さらには彼らが従事可能な時間帯で柔軟に作業に従事してもらえるようにし、人手不足の解消などに役立てたいというニーズがある。この場合、単に作業を簡単化するだけでなく、他社が容易に真似できないマネジメントノウハウ、特長ある製造装置やITツールがあれば、経営上のメリットはより大きくなる。

3）中堅・中小企業における IT ツールの導入状況

　研究会に参加した中堅・中小企業は、ITツールとして、図面管理、受発注管理、工程管理、在庫管理などの汎用パッケージツールを導入している（これから本格導入する企業もあった）。なかには自社の業務プロセスに適したシステムを独自開発している企業もあった。当然、相応の効果を得ているが、汎用ITパッケージの活用では、必ずしも自社の作業に適合した仕様になっておらず、提供されている機能を十分に使いこなしていない事例も見受けられた。また製造現場の工程管理では、キーボード入力／バーコード入力作業を、確実に実行できない場合があるとのことであった。

　なお、前述した「柔軟性ある作業従事体系」に役立つITツールとしてスマートフォンアプリなどを活用したスケジュール管理は比較的安価で実現可能である。

3-2-2　IoT 技術の具体事例

　前述した「リソースの効率運用」「柔軟性ある作業従事体系」のニーズに対する解決手段の1つとして、**図表3-2-1**に示すようにIoTによりITツールと作業員や製造機器をつなぐことである。現場の状況をIoTを使って確実にITツールに入力する、つまりセンシングとしての活用である。中堅・中小企業の生産現場においてもすでに有線／無線のネットワークが使われており、これらネットワーク経由で製造機器や計器類のデータを直接得ている事例は多数ある。費用対効果が大きければ、センサーを新たに取り付けて追加データを取得することも可能である。

　このような事例については、すでに3-1節でも紹介している。ここではそのなかで、特にカメラの画像解析について詳しく紹介する。

　今後期待が大きい技術の1つが、カメラの画像を解析して得たデータを生産活動に活かすものである。カメラ自体は比較的安価なセンサー機器と言える。例えば次のような利用が想定される。

1. カメラで計器類を撮影し画像解析によりメータリング値を得る
2. カメラで得た現実の映像の上に情報を重ねてナビゲーションする

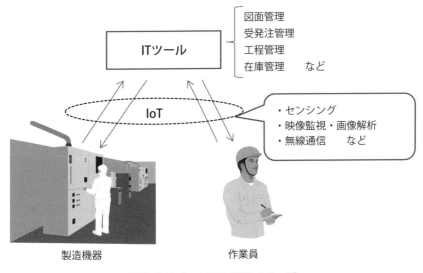

図表3-2-1　IoTの活用イメージ

3. カメラを使って現場作業者の動きを解析し、正しく作業できているか確認する

次に、カメラを使った画像解析を応用した技術を紹介する。中堅・中小企業においても、比較的容易に活用できるもの、現時点ではまだコスト的に厳しいと思われるものも含む。

1) カメラを使ったメータの自動読み取り

前述したが、日常の作業では作業者が製造機器のメータ類を読み取り、用紙に記載する作業がある。単純作業であるが安全や品質管理の上で重要な作業であり、確認や記載の間違いやチェック忘れが機器の故障や事故などの重大な事態を誘発する場合がある。この計器類の計測、特に既設の古い装置の場合、外付けで読み取り用のセンサーを取り付けることもあり得るが、装置の改造などで費用がかかる上、その間の装置の使用がストップすることもあり得る。ましてやその効果を確認検証する場合、そのために装置を改造することはできない。

図表3-2-2に示すように、カメラを使って得た映像情報から画像解析にてメータデータを読み取ることができれば、作業の停止なく設置でき、作業者の読み取り作業の手間を省くことができる。これが複数の箇所での計測や、対象となる装置が遠隔にあればなおさら効果は大きい。

このシステムを実現するための技術課題は、例えば次のものが考えられる。

(1) 計器類にはさまざまなタイプのものがある。少なくとも汎用的なタイプの複数種類のメータについては、ユーザー自身で読み取り設定できるよう簡易なツールが必要である
(2) 1つのカメラで複数個の計器類を同時並行で読み込むようにする。必ずしも正面から計測できるわけではないので斜めなどからも計測可能とする。種々の照明環境下でも計測が可能とする
(3) カメラの汚れやメータの汚れなどが原因による計測不良、カメラの設置がずれての計測不良を確実に検知できること

これらはいずれも、画像解析技術の高度化により克服可能であると考えられる。スマートフォンの普及もあって、カメラの小型化、高精細化、低価格化のスピードは速く、今後より安価で利便性の高いシステムが出てくることが期待される。すでに販売されているシステムもいくつかある。

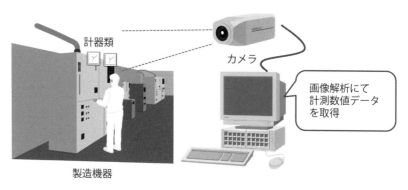

図表3-2-2　画像解析によるメータ自動読み取り

2) AR（Augmented Reality）を使った巡回・点検支援システム

　工場・プラントなどにおける機器・設備の保守・点検や異常発生時の対応、各種の建設現場における作業状況の確認は、主に人手による現場作業で行われているが、熟練作業者の減少など人手不足が進むなか、現場作業の効率化と技術伝承が大きな課題となっている。

　この課題解決を目的に、ヘッドマウントディスプレイとカメラを組み合わせたウェアラブル端末や、端末上で現実の画像・映像に情報を重ね合わせて表示するAR（Augmented Reality：拡張現実）技術を用いた現場作業ナビゲーションがある。

　図表3-2-3、**図表3-2-4**に具体的な活用例を示す。現場作業者が機器・設備に貼付したマーカーを目線カメラで読み込むと、AR技術による作業ナビ

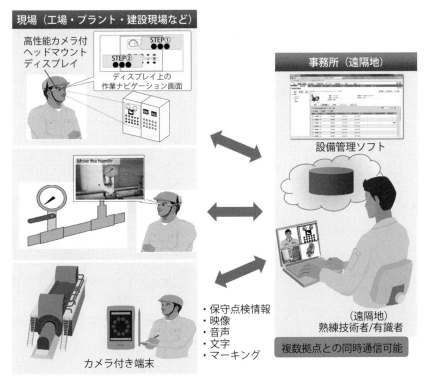

図3-2-3　システムの構成イメージ

図表3-2-4　ARを使った現場作業イメージ

ゲーションがヘッドマウントディスプレイ上に表示される。現場作業者は、目線を変えずに必要な情報を確認できるとともに、両手を使って作業できるので、現場作業の効率・安全性が向上する。これらの作業内容は、事務所側のシステムに組み込まれた設備管理ソフトと連動して記録・管理するとともに、ノウハウの蓄積に役立てることができる。接写可能な点検カメラは、これまでは死角となりやすかった機器や配管の裏側・隙間などの撮影を行いやすくし、点検作業や建設現場での確認作業の効率を向上させることができる。

　多数の拠点や広大な敷地を持つ場合には、複数拠点と同時通信することで、監督者が遠隔にいる場合でも現場作業者に対して、より的確な指示を行うことができる。特にこれまで有識者や熟練作業者を現場に派遣せざるを得なかった特殊な作業でも、遠隔地からの作業指示で対応することが可能となる。

　また、大手企業での導入事例ではあるが、その他の画像解析に関わる技術として、製造現場の監視画像を解析して作業員の逸脱動作や設備・材料の不具合の早期発見に役立てる画像解析システムがある。

3-2-3　IoT 導入に向けた課題

1）導入に向けた事前の準備

　本節で紹介したIoTに関わる技術や製品を、システムとして稼働させるには、お手本となる作業データの抽出やナビゲーションデータの作成、データの検証作業が必要になる。また同じ製品の製造であっても、作業手順が変わるとお手本とするデータも更新する必要がある。当然、この準備のための手間と費用対効果の事前検証が必要になる。特に多品種少量生産の多い中堅・中小企業では、導入に見合った効果が得られるか十分な検証が必要になる。

2）導入コスト

　本書でも何度か触れているが、中堅・中小企業が投資できる予算は限られる。紹介した技術や製品は、単にカメラやカメラ付きグラスを購入すれば実施可能なものでなく、ソフトウェアを含むシステムとしての導入となり、中堅・中小企業からすると現時点ではまだ割高かもしれない。計器類のメータ読み取りなど比較的安価かつノウハウが少なくてすむ技術の導入から取りかかるのがよいだろう。

3-2-4　AI の可能性

　現在のAIブームは、第3次ブームといわれている。一般論として、製造現場でも製造機器や現場作業者から得られたセンシングデータをAIを使って解析し、これを日々の作業に生かす可能性は大いにある。
　IoTはデータを集計したり分析・判断する機能までも含むものでIoTはM2Mを包含するものと理解しているが、この分析・判断をAIを使って実行すると、大雑把ではあるが「IoT = M2M + AI」と定義することもできるだろう（図表3-2-5）。3-2-2項で紹介したIoT技術は、すでにその範疇といえるが、今後AIの技術進化とともにその導入ノウハウを蓄積することでより使い勝手のよいものになる。

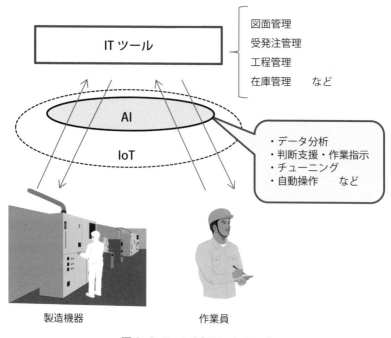

図3-2-5　AI活用のイメージ

　ただし、このノウハウを作業者自らが入力したり生成しなければならないなら、導入に限界がある。第2次AIブームの限界はここにあった。最近注目されているディープラーニングのように、自らが学習する能力を持つAI技術への期待は高い。

　例えば、カメラから得られた画像データと求めるべきアウトプット（製品の品質など）から、お手本となる教示データや合否の判定基準を自らが学習することで抽出可能となれば、オペレーション実稼働前の教示データの準備、開始後のチューニングやメンテナンスの手間が格段に効率化できる。ディープラーニングのような自己学習型AIの製造現場への本格導入はまだこれからの段階と理解しているが、ある製造現場で本格的に導入され、さらには汎用化されて容易に使えるようになれば、中堅・中小企業への導入も視界に入ってくる。AI技術の製造現場利用の今後の進展に大いに期待したい。

3-2-5　おわりに

　極論かもしれないが、アメリカの業務スタイルは分業と階層化である。一人一人の役割が明確で、それを越えた業務を原則独自の判断ではやらない。製造現場においても例外ではない。また労働者の流動性が高いこともあって、ノウハウは業務プロセスのなかにあり、マニュアルなどに明示化されてきた。業務の進捗を確認するという意味でIoTの導入は理に適っているのかもしれない。

　一方日本では、終身雇用を前提に労働者の流動性は低く、業務は属人化する傾向にあったが、そこに"匠の技"が生まれ、課題解決に向けた現場作業員の自発的な協力があった。しかし、今日さまざまな分野で労働力不足が顕在化し、人の流動性も高まっている。グローバル化とあいまって日本企業においても従来の属人に頼ったスタイルではなく、人の流動性が高くても、作業者のスキルにバラツキがあっても、作業工程を滞りなく遂行できる現場環境を作ることが求められる。

参考文献

1) http://www.fujitsu.com/jp/group/kyushu/resoruces
2) 日立ニュースリリース：「カメラ付きヘッドマウントディスプレイとAR（拡張現実）技術を用いたクラウド型機器保守・設備管理サービス」Doctor Cloud/巡回・点検支援システム」, 2015年9月2日
3) 吉川裕、他：「クラウド型機器保守・設備管理サービス基盤」, 日立評論 Vol.96 No.12 pp.796-797
4) 日立ニュースリリース：「現場作業員の逸脱動作や設備不具合の予兆を検知する画像解析システムを開発」, 2016年7月13日
5) 日経ビッグデータ編：「グーグルに学ぶディープラーニング」, 2017年1月

3-3
製造業におけるIoT活用の必要性

藤田英司
井上雄介

　IT/IoTの技術革新により、従来のモノづくりをさらに成長させるチャンスが今、到来している。このチャンスを有効に取り入れ、成長のスピード、成長の幅をどれだけ広げることができるかは企業の"想い"と"執念"と"熱意"が鍵である。挑戦して先駆者利益を獲得できる企業もある一方で、挑戦しても残念ながら良い結果を得られない企業も出てくる。もちろん挑戦しない企業は、時代の変化に流されて、そのまま弱体化していく道をたどる可能性が高い。本節では、「いかに流れを掴むか」「流れに対しいかにして一歩先行くアイデアを捻出するか」といった疑問に対するヒントを紹介する。

3-3-1　現状分析

1）市場環境の変化

　ITの進化に伴う事業変革の動きが、国内外に急速に波及しており、製造業における生産性革新はなおも加速し、情報の有機的結合・活用により、さらなる生産性改善や経営改善が求められている。

2）顧客の意識変化

　従来の製造業は、ITを活用しても、部分的な情報活用しかできていなかったが、情報インフラの発展等により、製造現場から会社全体の情報一元化ができる環境になってきている。大手企業においてはIT/IoTを駆使して、部分最適から全体最適を求める声が数多く聞こえている。特に経営者層の"思い"が顕著に現れ、具体的な取り組みに向けた活動が急速に進んでいる。

3）市場環境分析（外部環境）

多くの企業は次世代製造業モデルへの転換が必要とされており、また市場も新たな付加価値の提供を求めている。それぞれ分野ごとに分けて分析していこう。

政治（Political）面では、地政学リスクによる製造拠点の移転（国内復帰）、アベノミクス・TPP発効による産業構造の変化、製造業中心の税制緩和、製造R&D強化（日本再興戦略など）などが挙げられる。

経済（Economic）面では、中国および新興国の競争力向上、電機業界の再編（東芝・シャープ）、先進国は製品単品売り切り型ビジネスから脱却、付加価値提供型ビジネスへシフト（モノからコトへ）などが挙げられる。

社会（Social）面では、少子高齢化による労働人口減、熟練工の高齢化によるノウハウ不足、サービス業中心の経済構造、女性および高齢者の社会進出増加が挙げられる。

技術面（Technology）では、スマホの高機能化（有機EL、小型電子部品等）、次世代自動車（EV、自動運転等）による技術革新、3Dプリンタによる製造革新、IoT/ビッグデータ/クラウドなどIT技術活用、次世代製造業モデル台頭（インダストリー4.0、IIC等）などが挙げられる。

3-3-2　中小企業における課題

1）課題認識
●生産手法の仕組み

製造に従事する社員の世代交代が難しく、熟練者のノウハウの伝承、非正規社員でも確実な仕事を行える仕組みが整備されていないケースが多い。熟練者のノウハウをデータ化し、誰もが仕事に従事できる環境整備が求められる。一方で、熟練工のノウハウは個人の「価値」であることにも留意する必要がある。

●需要の安定確保

中小企業の実に75％が大手企業の下請けの仕事を行っている。中小企業は需要の安定確保が難しく、大手企業の生産に必要な部品などの供給を担

い、生産の爬行性(はこうせい)の受け皿になっているケースが多い。製品（部品）の生産をいかに安く、効率良く生産するかを各社は取組んでいるが、そもそも、需要の爬行性により安定した生産ができていないことが大きな問題である。

●全体最適に向けた取組み

　IT/IoTを活用し生産性改善を図る意識はあるものの、経営上、直接製造用役の確保も厳しい状況下、IT/IoTに取組める用役の捻出（育成含む）が難しい。また、過大な投資を行うことも難しく、安価なシステムやソフトウエアがないと投資すら困難である。

　生産に係わるすべての工程における問題点の把握（見える化）ができていないケースが多い。部分的な改善を行っている現状から、生産全体のなかでのボトルネック工程の抽出、工程間のロスの是正、完成品出荷までのあるべき姿の立案と検討に取り組むべきである。しかし、投資対効果が明確に明示されれば、取り組むことも可能と考えるも、自社の課題に合致した業種別・機能別のパッケージ等が簡単に見つからないのが実状である。

2）課題対策
●生産手法の仕組み改革

　マニュアルや、実地指導による作業者の教育ができる環境があれば良いが、人材が固定化しない現場では、教育を行っても、やっと作業ができるレベルになった段階で、作業者が退社してしまうという実態を目にする。ある程度複雑な作業でも、作業指示が的確であれば、安定な作業ができる。

　加工工程における生産性改善については、機械の機能・性能に依存する度合いが高いため、ここでは三菱電機が紹介している組立工程における、人と機械の協働の取組みとして、ポカヨケ、ネジ締め支援の事例を紹介する（図表3-3-1）。

　これは、製造現場で熟練者ならば当たり前にこなす作業を、新人や非熟練者が、簡単な教育のみで、作業を確実に的確に行う事例である。具体的には、組立て時にネジ締めを行う作業において、ネジの誤挿入、誤装着、締め忘れを予防するポカヨケ・ネジ締め作業支援ソリューションである。

　管理者は作業支援のソリューションを活用することにより、作業の進捗、

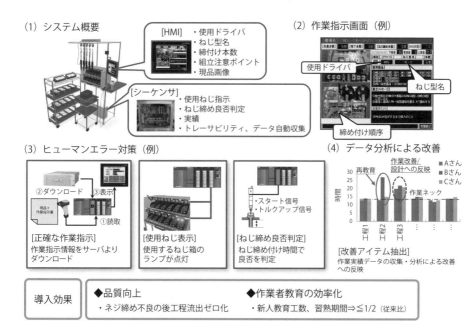

図表3-3-1　ネジ締め作業指示システム

効率、作業者ごとの遂行度合の確認、不慣れな作業者への個別教育に加え、作業の問題点の抽出・対策、設計の見直し（製品、製造プロセス）に着手することができる。

●安定した需要確保策

a. 安定した需要を確保できればどうなるか？

　先々の需要が見通せれば、必要な設備、材料、人材等の投資や準備に着手できる（プラスのスパイラル）。また、利益向上に向けた方策を検討できる。すなわち、設備の稼働率向上（設備投資含む）、使用する材料の先行手配（原価低減、納期対応力強化）、適正人材の確保・配置、さらなる効率化に向けたインフラ投資、生産システム改善ができる。

b. 安定した需要を確保できなければどうなるか？

　突然の需要拡大により、短納期での製品（部品）供給が求められ、対応しなければ、商機を失い、対応すれば、短納期での材料確保や人材投入により、本来の原価をオーバーし、損益悪化につながる。突然の需要減少によ

り、前もって手配した材料が在庫過多となり、売上減に加え、棚残増加により損益悪化になる（負のスパイラル）。

c. IT/IoTを活用した打開策

　それでは、安定した需要を確保するにはどうすれば良いか。従来継続して取引のある顧客の需要状況をまとめ（時期、需要規模、競合含め自社の優劣等）、営業が先行的に活動した上で、受注確度を向上し、的を射た営業活動を行い、需要獲得に結び付けることが必要である。個々の情報の緒元は、個人の手帳や、頭のなか、Excel等の帳票ソフトで纏めているケースが想定されるが、データベースとして管理し、需要に紐つけた形での管理が重要であり、各部門での情報共有が必須である。先行営業、過去納入した顧客のリピート需要やリニューアル需要を獲得するため、データベース化した情報活用による活動を行うべきだと考える。過去納入した顧客の評価、顧客の先々の方向性、市場における競合状況を把握の上、ダイレクトメール、キャンペーンの案内等、少ない営業でも顧客に届く情報を発信する等、IT/IoT等のインフラ活用は必要である。特にマーケティングに用役を割くことができない現状から、対象顧客へのメール配信で、顧客が興味を持つ情報集約（ナーチャリング）を行い、確度の高い情報から商談化、受注に結び付ける手法を確立すべきである。

d. 顧客のエンジニアリングチェーンに喰い込む

　顧客の製品設計段階における食込みに参画することによる、差別化受注の確保ができれば、顧客の製品化計画、市場の需要に対する製品の在り方など、従来自社だけでは把握できなかった情報の入手も可能となる。だが、それは非常に難しくハードルが高い。すでに公知の技術では自社の優位性は発揮できず、オリジナルの考えによる開発能力、生産革新において、自社で何ができるか、どのような技術・スキルが有効かを自社内で綿密に纏め、顧客への売込みを行う。公知されていない技術および製品を確立することは、"アイデア"と"執念"がなければ取組めない。自社がどうなりたいのか？会社として経営者から前線の社員に至るまで意思を統一し、最終的な自社の在り方のイメージを作り、多くの議論を社内で交わしながら取り組んでいかなければならないし、同業他社との差別化で勝利しなければ成功は難しい。

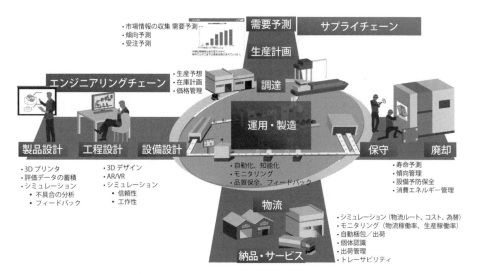

図表3-3-2　デジタル空間の活用で各工程の効率化・期間短縮への期待

自社のコア技術を基盤にアイデアと開発力を複合した製品開発での差別化のため、IT/IoTを活用した取組みをする必要がある（図表3-3-2）。

3-3-3　事例紹介

　自社の優位性を表現する指標は様々である。競合他社と比較し"価格が安い"、"短納期"で対応可能、"技術力が高く変更・改造を容易に対応できる"など、従来の指標では有効であったが、現在はさらに"製品・部品の信頼性"の担保が重要な指標となっている。数々の訴訟問題、補償問題に直面している事象は毎日のように話題となっており、市場で発生した不具合における品質対応費用は、費用計画がしづらく、経営上大きな課題となっている。モノづくりにおける品質の作り込みを経営の柱に置き、自社のブランド構築を図る上での最重要の指標に置く動きが顕著になってきている。モノづくりの品質強化の観点から、以下事例を紹介する。

　三菱電機では2003年からe-F@ctoryのコンセプトを提唱し、自社でモデル的に導入するという考えの元、2004年からACサーボモータ工場へe-F@ctory導入を行った（図表3-3-3）。

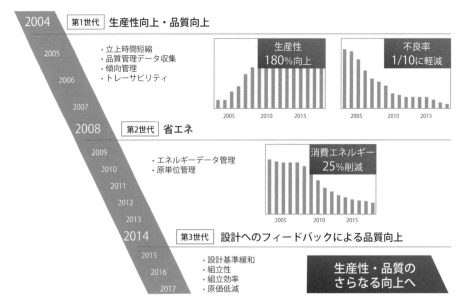

図表3-3-3　三菱電機のサーボモータ工場におけるIoT化の流れ（e-f@ctoryの変遷）

・第一世代として、生産性向上・品質向上への取組み。
・第二世代として、上記に加え省エネへの取組み。
・第三世代としては、生産現場の改善だけではなく、設計へのフィードバック・さらなる品質向上に取組んでいる。

1)「第一世代の事例　―生産性向上・品質向上」

約70にもおよぶ工程のセンシングを強化し、不良発生における、各工程のデータの相関関係（因果関係）を見ることで、原因究明を迅速化し、各工程の見直しポイント（設計の余裕度や、ロット・工程間のバラつきなど）を絞り込む。

工程設計へのフィードバックにおいては、データ活用による、分析の迅速化を実現した。なお、**図表3-3-4**右下の、データ2、データ4、データ30、データ42は、工程内で自動計測した検査データである。

各検査工程の検査結果をサーバに保管し、時分割にデータ分析できる環境を、IT/IoTを活用し構築した。そうすることで、出荷検査結果で不良が発

生産性向上・品質向上

各工程のセンシングを強化し、不良発生におけるデータの相関（因果関係）から原因究明の迅速化と見直しポイントの絞込みに活用

照合・解析作業を迅速化

43時間短縮

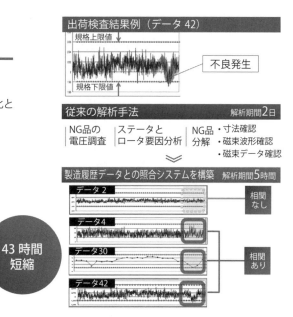

図表3-3-4　e-F@ctory「第一世代」（サーボモータ工場）の内容・効果

生した場合、即座に各工程における検査データと比較検証することができる。

各データNo.における検査データは、検査しきい値以内に入り、工程ごとの検査には合格しているものの、出荷検査においてNGとなった際に"なぜ"と思うのが通常である。

結果は、各工程の検査にてギリギリ合格した部品が、組付けて製品化した際に、不合格になっていた。従来ならば分解し解体後に、再度個々のデータを測定し、解明に相当な時間を要していたが、時分割のデータ相関関係を確認することで要因分析に繋げ、原因究明ができた。その後、各工程の検査しきい値の見直しを強化することで、出荷検査時の良否判定がさらに明確になり、照合・解析作業時間も大幅に短縮できた。

2）「第二世代の事例 ―省エネ」

続いて、サーボモータの中核部品であるステータラインの省エネ事例について紹介する。

中容量サーボモータのステータ生産ラインは、約10の工程で生産される。そのなかに、円状に組んだステータコアをIHで加熱膨張させたフレームに嵌め込み、冷却することで固定するフレームの焼嵌め（やきばめ）を行う工程がある。図表3-3-5右の折れ線がエネルギー原単位、棒グラフがサイクルタイムを示している。フレーム焼嵌め工程⑤には、IHによる大きな加熱が伴うため、エネルギーを多く消費する（折れ線グラフの最大値：100の箇所）。またサイクルタイムも、最も長いボトルネック工程である。省エネを進める上で、まずはIHの効率が最も良い位置にワークを最適化した。結果として、エネルギー削減とサイクルタイムを90まで短縮することができた。

　しかし、2番目に遅いサイクルタイムが88のため、ライン全体の効率を考え、焼嵌め工程の加熱度をあえて上昇させ、サイクルタイムを88まで短縮した。エネルギーを少し犠牲にしたものの、ラインの全体最適を考慮し、工場の工務部門における省エネ推進と生産技術による生産性向上といった両方の要望に対して、改善した事例である。

第二世代
省エネ

ワーク位置の最適化や、全体のサイクルタイム見直しによりライン全体の生産性向上と省エネを同時に実現

生産性向上 12%　省エネ 8%

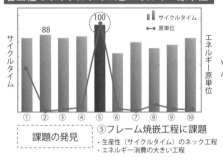
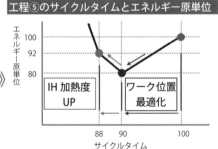

図表3-3-5　e-F@ctory「第二世代」（サーボモータ工場）の内容・効果

3)「第三世代の事例—生産現場改善と設計へのフィードバック」

　これまでのe-F@ctoryは、製造情報と品質管理間のPDCAにフォーカスを当て、不具合発生時の要因特定に活用されていたが、製造情報が設計開発に活用されないなどの課題があった。現在のe-F@ctoryでは、センシングとトレーサビリティの強化による製造情報の高度化を実現した（**図表3-3-6**）。製造から設計へ常時フィードバックし、開発の上流側での情報活用により「easy to make」の追及に取組んでいる。具体的な取組みとして、ステータ製造ラインのさらなるセンシング強化を図り、品質チェックを目的とした既設のセンサに加え、最適設計に役立つ情報を収集するためのセンサを各工程に新設している。

　末端の鉄心や電線、中間部品のステータ、ロータ、エンコーダ等の構成部品を、モータ完成に至るまで個体管理・ロット管理による部品情報のトレーサビリティを取っている。加えてエネルギー情報、稼働情報、製造パラメータ、作業者情報といった設備情報、IDチップ埋め込みによる治具情報や各

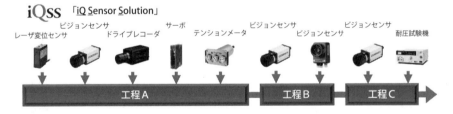

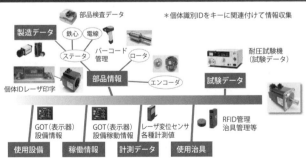

図表3-3-6　e-F@ctory「第三世代」（サーボモータ工場）の内容・効果

工程ごとに実施する試験情報等、様々なデータをe-F@ctoryで一元管理すると共に、ノウハウに基づいたデータ蓄積と活用を実現している。

3-3-4　ITやIoTを導入するためには

　前述したe-F@ctoryの「第一世代」から「第三世代」にあるとおり、一朝一夕には生産革新は難しいが、最終目標をどこに設定するか、その時の自社の位置付けはどうなるか、など突き詰めて考えれば、手は打てるはずと考える。お金を掛けなければ進まない改革もあれば、運用改善にて効果を発揮できる場合もある。

　ITやIoT、もしくはネットワークの技術革新により、従来では諦めていた事項においても、機能的、コスト的にも手が届くところまで近づいてきている。自社で実施したい試みが市場で展開されている諸技術で対応できないか、一度検討してもらいたい。しかしながらIT/IoT、ネットワークはあくまで手段であり、「自社で何をどこまで進めたいか」という"想い"がすべての根底にあることを忘れないでほしい。

　最近では"モノ"から"コト"への意識を持つ企業が増加し、各メーカー・各ベンダーから、様々な分野で機能的なパッケージが提供されている。予防保全、稼働管理、トレーサビリティ、省エネ、リモート監視など、従来は各企業が独自に考え試行錯誤しながら自作していたソフトウエアが、パッケージとして展開されている。また、見える化のツールとして、産総研からMZ Platformが無償で公開されている。まずは自社にて、スモールスタートで取り組む上で、活用してみてはどうかと考える。

　いずれにしても、自社で進めたいことについて、熱意と執念を持って試行し、有効な手段を活用し、自社の"想い"を達成できることを期待している。

（藤田英司の草稿を井上雄介が代筆）

第4章

中小企業がIoTを
導入・活用するために

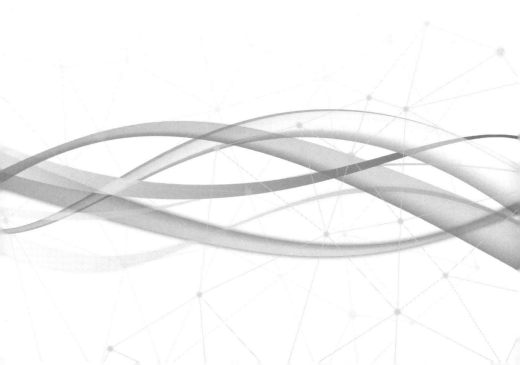

4-1
中小企業への導入を促す対策

岩本晃一
波多野文

4-1-1　研究会の議論を通じて浮かび上がってきた課題

　第1章で述べたように、IoT研究会でも、当初は平行線の議論からスタートした。だが、研究会参加者全員がモデル企業を実際に訪問し、現場を視察し、いろいろな質問をし、全員で議論していくうちに、やがておぼろげながら、モデル企業が抱える「課題」が浮かび上がってきた。

1）受注の平準化
　病院向けなど非常用発電機を主力とする東京電機（第2章2-2節参照）で、まず訪問側が確認したのは、受注状況についてである。閑散期と繁忙期の格差が大きく、特定の時期に受注が集中するとのことだった。訪問時は閑散期だったため、稼働状況は低いように見えた。一方、繁忙期は作業が集中するのだが、ある特定の工程が、製造工程全体の流れのボトルネックになり、かつ購入部品の納入が間に合わないために、製造工程が滞ることがあるということだった。
　作業の負荷を平準化する、という点は、おそらくどの中小企業にも重要な共通的課題だろう。そのためには、例えば営業部隊に、工場内の製造工程の流れを把握でき、どのような受注をすれば負担が平準化するかがわかるような情報機器を、常に持ち歩かせればいい。そうすれば受注を平準化させつつ、総受注量、さらに売上高の増加につなげられる（図表4-1-1、図表4-1-2）。

2）電力の無駄使い
　よくテレビで、「電気はこまめに消しましょう」という呼びかけが行われ

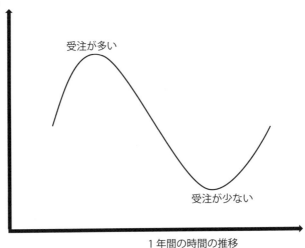

図表4-1-1　受注量が平準化する前

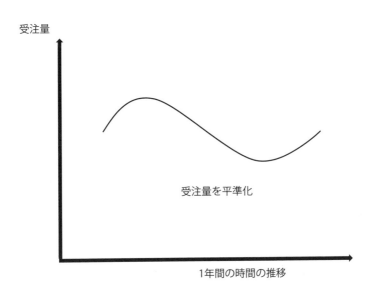

図表4-1-2　受注量が平準化した後

ていたが、実は、最も効率的だと信じられてきた工場内で、「電気はこまめに消されていなかった」という事実が浮き上がってきた。

　よく製造業の方々は、「雑巾を絞りきった」という人が多いが、昨今、IoT技術が進むにつれて、実は、確たるデータの根拠なくそう思い込んでいただけなのかもしれない、無駄を無駄として認識していなかったのかもしれない、ということが次第に明らかになってきている。

　確たる根拠なく、やることはやっている、と思い込んでいる工場が多いのではないか。経営者は作業員の根拠なき思い込みを疑う手段がない可能性がある。

　IoTを用いて、実際に電力の使用状況を細かく「見える化」する、ということが可能になっている。三菱電機（第3章3-3節参照）の例では、電力の使用状況について、きめ細かく「見える化」して食堂に大きな画面で表示し、従業員全員に周知徹底している。また、停止している生産ラインの設備は、待機電源まで落とすこともやろうと思えば可能である。さらに、建築物ではいまや常識になっている人感センサーを工場内に設置し、作業員がいる時間と場所だけ、必要な照明と空調を提供することも容易である。

　これまで日々「カイゼン」努力を行い、省エネに取り組んできた大企業である三菱電機「サーボモータ工場」でさえ、約25％落ちたという現実がある。そのため、ほとんど省エネ努力をしてこなかった中堅・中小企業では、電力量は簡単に、数割は落ちるだろうとの指摘が研究会であった。

3）3次元CADによる設計作業の自動化

　某社は、部品を納入する部品サプライヤーであり、親企業から設計図を紙でもらい、中小企業側で改めて3次元CADを用いて設計図を書いていた。もし、親企業から、3次元CADデータの状態で、設計図をもらうことができれば、あらためて中小企業側で設計図を書く必要はない（**図表4-1-3**）。

4）3次元CAMデータの自動発生

　某社は、部品サプライヤーであり、売上げを増やすため、米国や国内遠隔地からの受注を考えている。例えば、シリコンバレーで1日の正午に受注し

3次元CADによる設計の自動化

図表4-1-3　親企業から、3次元CADデータの状態で、設計図をもらうイメージ図

た試作品を、16時間の時差を活用することで、製造時間に24時間を当てても、3日の朝8時にサンフランシスコ空港着が可能となる。顧客からもらった3次元CADデータから直接、3次元CAMデータが自動発生できれば、製造現場のNCに流し、短時間で試作品を作ることが可能である（**図表4-1-4**）。

5）機械設備の稼働状態を監視するモニター室

　某社では、始業開始時直後、昼食直後、勤務終了直前の1日3回、設備が正常に稼働するかどうか、設備のメーター等を確認し、すべて帳票に記入し、その後、帳票を班長が再確認して回っている。班長は少人数のため、帳票確認に忙殺されている。「付加価値を生まない時間が長すぎる」と社長はいう。

　中小企業の製造現場であっても、データを1ヶ所に集め、モニター室のディスプレイに映し出せば、作業員は、1ヶ所にいながらにして、すべての設備の稼働状態を確認できる（**図表4-1-5**）。

6）製造現場での製造品の流れを「見える化」

　いくつかの企業では、いま、どの製造品が、どこをどう流れているのかわ

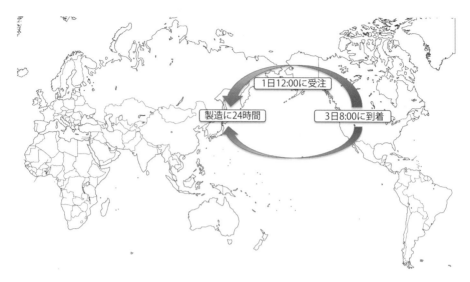

図表4-1-4　米国の自動車メーカーから部品の試作品を受注し、短時間で納入する
　　　　　イメージ図

図表4-1-5　モニター室の例

からなかった。そのため、中小企業の製造現場の多くでは、製造工程の流れが、効率または非効率的なのかどうかさえ、十分に把握できていない。

ダイイチ・ファブ・テックは、研究会の指摘を受け、現場での仕掛品の滞留時間を計測した。作業終了日まで時間的余裕がある場合には、設備の前に仕掛品が放置され、積まれたままになっていることがわかった。本来の受注可能量より低いレベルで、受注量が制限されていることがわかった。

4-1-2　モデル4社が導入を表明したIoTシステム

実際にモデル中小企業4社が導入を考えたIoTシステムは、第2章を参照していただきたい。これらを総括すれば、以下のようになる。
・企業の資金力を超える投資が必要なものは対象外
・計算したところ投資対リターンが小さかったものは対象外
・導入後に自社で維持管理できないものは対象外

筆者の感想は、自社の能力で今対応可能な現実的な解決策である。いきなり高いレベルを目指すのでなく、まず現実的なところからスタートする。これらの対策が現実的に効果を現すのは、1～2年後であろう。そしたら、その時点でまた、次の可能なIoT導入を検討する、という着実なステップが中小企業にとって現実的な手法ではないだろうか。

4-1-3　研究会を振り返って；政策提言

研究会では、今後、4社に導入されたIoTの効果を計測するところまでフォローできれば幸いである。今回の研究会は、とりあえず、2016年度の1年間の計画でスタートしたが、2017年度、次のモデル企業を対象に、さらにケーススタデイの積み重ねをしてみることで、中小企業向けIoTの共通課題を探る。

研究会を通じてわかったことは、次の2点である。
　1　企業が抱える「課題」を見いだすこと

2 「課題」の「解決策」を見いだすこと

　以上が、IoT導入の最も重要なポイントであることがわかった。しかも、1社ずつすべて「課題」「解決策」が違うというケースバイケースに対応しなければならない。

　この業務を担う高度な専門家を組織的に養成すること、そして「課題発見」「課題解決」の業務を組織的に進めるためのノウハウを蓄積することが必要である。その高度な専門家は、世間では、「デザイナー」「データサイエンティスト」と呼ばれている。

　その高度な専門家の養成を行う場として考えられる候補先としては、

①下記に述べるGEと同様、IoT提供を業とする企業の内部で養成する方法

②大学に、専門コースを設置して養成する方法。ミュンヘン工科大学では、2016年、大学院に新しく「Data Engineering and Analytics」学科が発足した。初年度の学生は20名である。米国でも、データサイエンティスト養成の専門課程が複数の大学で設置されたと聞く。日本の東大工学部や東工大で、同様の学科が設置されるのは一体、何年後になるだろうか。

③日本の全国各地に設置されている公設試にて養成する方法

以上、3通りくらいが候補として考えられる。

　ところが、研究会が1年かけて見いだした「政策提言」を、すでに実際に実践している企業がある。それは米国ゼネラル・エレクトリックGE社である[注1]。

　すなわち、「課題発見」「課題解決」を担う高級専門家を「UXデザイナー」[注2]「データサイエンティスト」と命名して組織的に育成し、かつ「課

(注1) 米国ゼネラル・エレクトリック（GE）社のジェフ・イメルト会長兼CEOは、金融部門を切り捨て、10億ドル以上を投じ、2011年11月、カリフォルニア州にソフトウエア・センター設立、1000人以上のソフトウエア・エンジニアを一気に採用し、「オープン・プラットフォーム」である基本ソフトウェア「プレディックス（Predix）」を開発した。それを産業に適用するインダストリアル・インターネット事業を開始した。イメルト氏は、「GEはソフトウェア会社になり、2020年までに世界でトップ10になる」と発言している。

(注2) UX：User Experience の略

題発見」「課題解決」の業務の進め方を定式化（マニュアル化）し、顧客に対して実践することで、同社のオープン・プラットフォーム「プレデイックス（Predix）」の販売につなげている。

　具体的事例でいえば、日本市場で最初に実践したケースは、LIXILである。LIXILからは、研究会の場合と同様、「とにかくIoTをやってみたい」という抽象的な要求しかなかった。そこで、米国から、「UXデザイナー」「データサイエンティスト」を呼んできて、現場の話しを聞きながら、セッションを何度か繰り返した。その結果、工事業者の割り当てのところに「課題」があることがわかり、その「課題」を解決するため、データサイエンティストからアルゴリズムの提案が行われた。LIXIL側から「そんなものができるのなら、買ってあげるよ」といわれ、「プレデイックス（Predix）」のクラウドサービスの提供へと繋げていった。

4-1-4　企業に円滑な IoT 導入を促す中長期的対策

　IoTを円滑に導入するには、さまざまな対策が必要である。IoTの恩恵を得るために、企業側にどのような準備が求められるかについて、ボストン・コンサルティング・レポート（2015）やマッキンゼー・レポート（2016）、WEFレポート（2016）等が対策を提言している。

1）社内の仕組みや IoT 事業の枠組みに関する対策

　このうち、マッキンゼー・レポート（2016）は、IoTの導入状況、導入障壁について、アメリカ、ドイツ、日本の産業専門家300名（会社規模50名以上）に調査し、調査結果に基づき円滑なIoT導入に向けて企業がとるべき行動を具体的に呈示している。

①　自社のどの部分に IoT 技術を取り入れるかを限定する

　まず重要なのは、IoTの応用先を限定するという点である。IoTの導入に成功している製造業者は、IoTが可能にすることのうち、何を優先的に自社に適用するかを限定している。IoTは、企業の活動をはじめから終わりまですべてカバーする潜在能力を持っているが、それらを一度に適用する必要は

ない。同レポートでは、製造業者がすでに所持しているデータをどのように使えるかに焦点をあてた診断的アプローチを推奨している。

このアプローチは4つのステップから構成されている。

1つ目のステップでは自社に特徴的な価値の流れや生産拠点を分析し、自動化の状況に加えてデータの生成、拡大、利用量に関しても現状を把握し、無駄や改善点がないかを評価する。

2つ目のステップはアイデアの生成と、その優先順位付けである。前のステップで明らかにしたデータの利用状況とKPI[注3]や財務データに基づいて、現状を改善するためのアイデアを生み出す。出されたアイデアには、それが与えるインパクトや導入の難しさや必要とされる時間などを考慮して優先順位をつける。

3つ目のステップでは、優先順位の高いアイデアが会社に与えるインパクトを計算する。最後のステップでは、これまでのステップで生み出されたアイデアをもとに、目標とKPIを明確化し、焦点を絞った導入計画を作成する。

導入計画では、IoTを製造業の作業風景の一部に溶け込ませる必要があるとともに、IoT導入の提携企業に発注する見積もり要求や見積もり依頼の具体化、IoTがもたらす変化についての説得力のあるストーリー作り、専用のプロジェクトチームの設置を行う必要がある。

② **IT基盤を固める**

次に、堅実なIT基盤を固める必要がある。IoTの恩恵に預かるには、どんな場合でもいくつかの運用上のハードルを打破しなければならない。成功する企業は、データの欠陥、システム不具合などの困難な状況下でもなんとかプロジェクトを完結させる事ができている。膨大な紙データをデジタル化したり、データへの投資（データの収集や積み重ね）を正当化することは難しい。しかし、これらの投資は将来、IoTを試験的なレベルから実用レベルにするためには本質的なものである。また、データへの投資に加えて、デバイスや顧客に関連するデータを適切に管理するための、IoT事業の所有権を

[注3] KPIとは、主要業績評価指標（キーパフォーマンスインディケーター，key performance indicator）の略

明確化できるような土台を構築することも必要である。使用しているセンサーや機器から得られるマスターデータをより進化した分析に利用できるよう統合することも、複雑なイベントにリアルタイムで対処することと同じくらい重要な課題である。

③ **自社でやるべきことと他社に任せるべきことを明確化する**

　また、IoTを導入する時は、自社の強みとは何か、他社にまかせてもよいデータ・能力とは何か、をしっかり考えなければならない。現在、IoTソリューションを提供できる第三者機関は増えてきており、選択肢は多い。例えば、新たに提供が開始されるシーメンス社の「マインドスフィア（MindSphere）」は製造業者のデータを統合するプラットフォームを供給することができる。すでにあるソリューションを上手く利用してIoTの導入を始めることで、導入にかかる時間を節約できる。製造業者は、このような第三者の技術提供企業が提供可能な技術とその組み合わせパターンをまとめたリストを入手し、技術提携に向けたアプローチをしていかなければならない。この時しっかり管理しなければならないのが、OEMとの相互作用が生じた際のデータの所有権の確保である。契約締結の前に、自社がどのデータにアクセスする必要があるかを把握しておかなければならない。

④ **専門チームの設置**

　4つ目のポイントは、自社内に頭の回転の早い内部チームを作ることである。IoTの恩恵を得るには、自社の内部にIoTを扱う能力のある強いチームが必要である。具体的には、ITに強いデータサイエンティストなどがいることが望ましい。このチームは、自社の他の部門とも連携できる必要がある。IT専門家と、ビジネスの専門家、オペレーションの専門家が緊密に共同して動くことで、IoTに関する戦略を明確化し、実行することが可能になる。

⑤ **新しいビジネスモデルの模索**

　最後のポイントは、新たなビジネスモデルを試すことである。IoTは、オペレーションの効率化だけでなく、新たなビジネスモデルを推進するようなデジタルデータの統合や収集したデータによって内容を変化させるデータ駆動形サービスをもたらす（例 プラットフォーム・エコノミー型やサービス

供給型のビジネスモデル）。目先の利益だけでなく、この先のマーケットの変容を見越して新たなビジネスモデルを構築、試用する必要がある。

　以上、まとめると、①IoTを活用して自社の改善したい点を明確にし、会社が持つ資源を集中させる、②多少困難であってもIT基盤をしっかり固める、③自社内で行うべき作業とアウトソーシングすべき作業を明確化する、④他部門と連携して動くことができる専門チームを構築する、⑤新たなビジネスモデルを模索する。マッキンゼー・レポート（2016）は、上記の5つのポイントが、今後IoTを円滑に導入する上で必要であるとしている。

2）人材管理・雇用への対策

　これに対し、WEF・レポート（2016）では、人事評価・採用活動の見直し、現雇用に対する教育、社員の管理方法の見直しなど、主に人材管理や採用に関する対策が掲げられている。これは、今後人材が不足し、企業にとって採用活動が困難になるという予測が立てられていることが関係している。特に、IoT技術の発達により需要が高まるコンピュータ・数理関係の人材やデータサイエンティストなどは、技術進歩のスピードが速く人材の育成が難しいこともあり、良い人材を得るための競争はますます激しくなると見込まれている。

　このような人材不足に対応するには、多様な労働力を受け入れることが不可欠である。性別、年齢、人種、性的嗜好などは多様性を取り扱う上でよく知られている問題だが、データを用いた人事評価を行うことで、無意識にもつ偏見を除外した採用が可能になるだろう。

　また、労働者の働き方や管理に対する考え方を変えることも必要になる。どこで仕事をしたかではなく、どのような仕事をしたかを重視した管理を取り入れ、遠隔での仕事やデジタルプラットフォームを使った外部の専門家との共同作業に対応していかなければならない。すでに、ウーバー（Uber）やアマゾン・メカニカル・ターク（Amazon Mechanical Turk）などを始めとするプラットフォーム技術の普及により、雇用関係のある仕事を主として持ちつつ、他の収入源を持つ多角的労働者が増加している。しかしながら、

現在の労働協約はこのような労働者をほとんどカバーできていない（OECDレポート（2016））。従来の雇用形態や慣習、従業員の管理方法を見直し、新しい働き方に対応する必要がある。

同様の指摘は、ボストン・コンサルティング・レポート（2015）でもなされている。採用に関しては、すべての労働力に関するデータを体系的に収集・分類し、労働力を提供する側と、雇用する側のマッチングを高めることが可能になるようなモデルの構築と、能力重視の採用姿勢を取りいれる必要がある。肩書や資格を持っている技術者よりも、IT関連の能力や経験の有無を重視すべきである。

現雇用者への再教育も、IoTがもたらす社会の変化に対応していく上で必要である。IoTの普及により、今までこなしていたタスクが変化し、従業員は意思決定や問題解決能力など、より水準の高い、幅広いスキルが求められるようになる。そのため、彼らに対して、現場教育（拡張現実を利用し、あたかも現実場面で作業しているような環境のなかで学習する、熟練労働者の作業観察など）と座学を組み合わせた、より実践的な場面で利用可能な能力が身につくような再教育が必要となる（ボストン・コンサルティング・レポート（2015））。このような再教育は、少子高齢化社会への対策にもなりうる。

また、より長期的には、教育システムの再考も課題になるだろう。前述の能力重視型の採用とも重なるが、従来の二分法的な教育（文系対理系、応用対基礎）や、何を学んだかよりもどこで学んだかを重視するような価値観やシステムは、改善が必要である（WEFレポート（2016））。

以上が、先行研究で提案されている企業がIoTを円滑に導入するための対策である。前半で述べた、IoT導入先の明確化やIT基盤固め、専門チームの育成、そして、後半に述べた多様性や新たな働き方への対応は中期的対策、新たなビジネスモデルの模索や教育システムの再考は長期的対策にあたるといえる。

4-1-5　大きく落ちた日本の製造業の実力

1）世界と比べて異質な日本のIT投資

　2015年5月、国際IT財団は、日本企業のIT投資に関する調査結果を発表した（**図表4-1-6**）。

　ITを導入した業務分野として、上位に位置するのは、「経理会計」「人事給与」「文書管理」など管理分野のコスト削減・人員削減を指向する「守りのIT投資」であった。一方、下位に位置するのは、「経営戦略」「市場分析、顧客開発」「商品サービスの企画開発」など、新しいビジネスモデル開発、売上げ増を指向する「攻めのIT投資」であった（**図表4-1-7**）。

　また、IT導入を阻む障壁として挙げられたのは、「IT投資によるメリットが見えにくい」であった。すなわち企業経営者が、ITを用いてどのようにすれば、どのような効果がでるのか、というIT投資に見識がないと、IT投資に慎重になる、という結果である。

　こうした日本企業の経営者の世界的に見て特徴的な行動は、別のアンケート調査からも得られている。2013年10月、一般社団法人電子情報技術産業協会は、「ITを活用した経営に対する日米企業の相違分析」調査結果を公表した（**図表4-1-8**）。

　その調査結果は、日本と米国の差をくっきりと浮かび上がらせた。すなわち、同調査においても、日本の経営者は、「守りのIT投資」に重点を置き、米国の経営者は「攻めのIT投資」に重点を置いている（**図表4-1-9**）。

```
目的　　　；　IT投資の現状およびIT活用の実態と効果、人材投資の実態把握
方法　　　；　郵送およびWebによるアンケート調査
期間　　　；　2014年11月13日〜2015年1月19日
対象　　　；　日経リサーチ社保有の企業データベース　3,536社
有効回答数　；　615社（回収率17.4％）
調査実行委員会　；　主査　宮川努　経済産業研究所ファカルティ・フェロー
　　　　　　　　　　／学習院大学経済学部教授
```

図表4-1-6　調査の概要

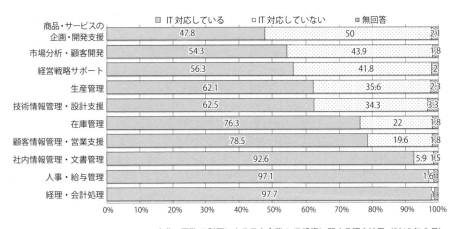

出典:国際IT財団による日本企業のIT投資に関する調査結果(2015年5月)

図表4-1-7　ITを導入した業務分野

```
〈日米の民間企業に、ITに対する意識調査を実施〉
　時　　期:2013年6月〜7月
　企業規模:グローバルで従業員数が300人以上
　産業分野:医療、教育、政府／地方自治体、情報サービスを除く全業種
(1) アンケート調査
　回答者:経営者、およびIT部門以外(事業部、営業、マーケティング、
　　　　　経営企画)のマネージャー職以上。
　形　式:Webアンケート　　回答数:日本／216社、米国／194社
(2) ヒヤリング調査
　取材対象:アンケート調査に協力を頂いた方を対象
　形式:直接取材　取材数:日本／5社、米国／2社
```

図表4-1-8　調査概要

　そして驚くべきは、「クラウド」「ビッグデータ」という言葉を聞いたこともない日本人経営者が半数もいることである。筆者がこの調査結果を外国人に見せると、大変驚く。なぜなら、「ハイテク日本」のイメージと大きく異なっているからである。だが、筆者は、これが地方の中小企業まで含めた日本企業の一般的な姿だと説明している(**図表4-1-10**)。
　そうした「ITを使いこなすこと」に対する知識のなさが、IT投資を重要と考えない企業としてしまうことになる(**図表4-1-11**)。

第4章　中小企業がIoTを導入・活用するために

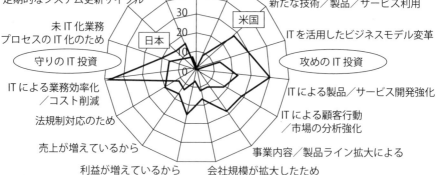

出所：JEITA「ITを活用した経営に対する日米企業の相違分析」(2013年10月)

図表4-1-9　IT予算を増額する企業における増額予算の用途

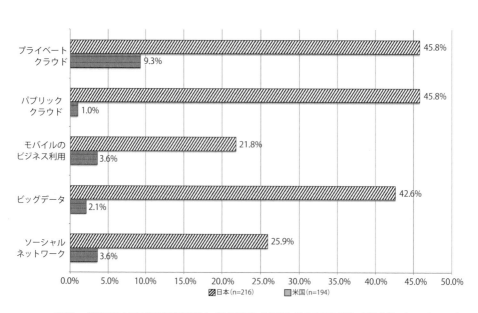

出典）一般社団法人電子情報技術産業協会「ITを活用した経営に対する日米企業の相違分析」(2013年10月)

図表4-1-10　新規ソリューションの導入状況
　　　　　　（「聞いたことがない／あまりよく知らない」の割合）

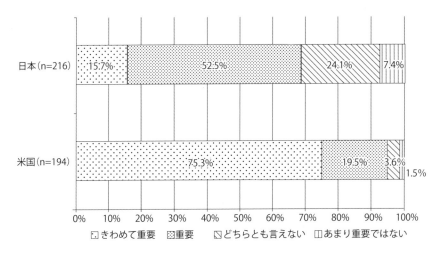

出典）一般社団法人電子情報技術産業協会「ITを活用した経営に対する日米企業の相違分析」（2013年10月）

図表4-1-11　IT投資の重要性

　このように、日本企業の経営者は、IT投資を重要と考えない、またIT投資をしたとしても、コスト削減・人員削減の「守りの投資」と行ってきた結果、グローバル競争から大きく遅れをとることとなってしまった。いまや日本企業がグローバル競争で大きく後塵を拝していることは広く認識されているが、その1つの大きな要因が、IT投資にあるとされている。

　いまでは日本の労働生産性が低いことは世界的に有名である。すなわち、日本の労働生産性（就業者1人当たり名目付加価値）は、OECD加盟34カ国中第22位で、主要先進7カ国では1994年から20年連続で最下となっている（**図表4-1-12**）。

　そして、日本の製造業はいまだに強い、という認識を持っている方は、日本の製造業の生産性がどうなっているか確認してほしい。もはや日本の製造業は、他の先進国と比べて、生産性は低いのである。

　グローバル競争のなかで日本の製造業のGDPは1997年の約114兆円をピークに減少し続け、ここ数年は90兆円レベルである。2000年以降GDPが特に大きく落ちたのは「電気機械」であり、20兆円（1997年）から12兆円（2013年）へと落ちた（**図表4-1-13**）。

また、もはや日本は製造業の「輸出競争力」で世界の平均値にも達していない。特に、従来、日本が競争力が強いとされてきた品目でさえ世界の平均に負けているのである（**図表4-1-14**）。

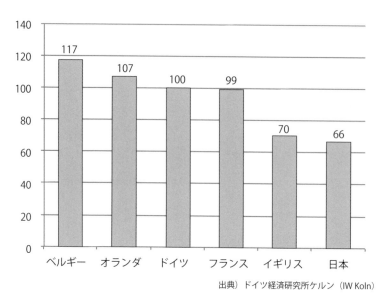

出典）ドイツ経済研究所ケルン（IW Koln）

図表4-1-12　製造業の生産性の国際比較

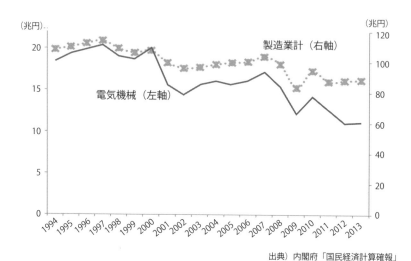

出典）内閣府「国民経済計算確報」

図表4-1-13　業種別GDPの推移

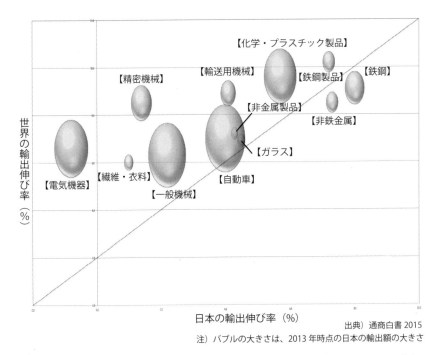

図表4-1-14　世界と日本の主要業種別輸出額の伸び率（2000～2013年）

参照文献

Organisation for Economic Co-operation and Development (OECD). (2016). Automation and independent work in a digital economy：policy brief on the future of work.

Bauer, H., Baur, C., Mohr, D., Tschiesner, A., Weskamp, T., Alicke, K., ... & Wee, D. (2016). Industry 4.0 after the initial hype-Where manufacturers are finding value and how they can best capture it, McKinsey Digital., McKinsey & Company

Lorenz, M., Rüßmann, M., Strack, R., Lueth, K. L., & Bolle, M. (2015). Man and Machine in Industry 4.0. Boston Consulting Group, 18.

World Economic Forum. (2016). The future of jobs：Employment, skills and workforce strategy for the fourth industrial revolution. Geneva, Switzerland. Retrieved from http：//hdl.voced.edu.au/10707/393272

岩本晃一（2016），「中小企業復活への挑戦、IoTの可能性を探る」，ビジネスパーソンのための人工知能, 東洋経済新報社，2016年11月24日

岩本晃一（2016），RIETIフェローの連載，2016年9月26日第24回「IoTによる中堅・中小企業の競争力強化に関する研究会（NO.4）」, IoT/インダストリー4.0が与えるインパクト

岩本晃一（2016），RIETIフェローの連載，2016年8月17日第22回「IoTによる中堅・中小企業の競争力強化に関する研究会（NO.3）」, IoT/インダストリー4.0が与えるインパクト

岩本晃一（2016），RIETIフェローの連載，2016年7月21日第20回「IoTが雇用に与える影響；三浦工業の事例」, IoT/インダストリー4.0が与えるインパクト

岩本晃一（2016），RIETIフェローの連載，2016年7月15日第19回「IoT導入企業の事例（キュービーネット株式会社QB Net Co.,Ltd.）」, IoT/インダストリー4.0が与えるインパクト

岩本晃一（2016），RIETIフェローの連載，2016年5月20日第15回「IoTによる中堅・中小企業の競争力強化に関する研究会（NO.2）」, IoT/インダストリー4.0が与えるインパクト

岩本晃一（2016），RIETIフェローの連載，2016年5月13日第13回「ドイツ経済を支える強い中小企業『ミッテルシュタンド（Mittelstand）』」, IoT/インダストリー4.0が与えるインパクト

岩本晃一（2016），RIETIフェローの連載，2016年5月9日第11回「IoTによる中堅・中小企業の競争力強化に関する研究会（NO.1）」, IoT/インダストリー4.0が与えるインパクト

岩本晃一（2016），RIETIフェローの連載，2016年4月4日第3回「中小企業へのIoT導入はつくづく難しい」, IoT/インダストリー4.0が与えるインパクト

4-2
IoT導入におけるデザインの重要性

澤谷由里子

　経済のサービス化、情報技術の発展を背景に、イノベーション創造の仕組みの変容が求められている。これらの変化は、身近な生活に影響を及ぼし、人々の思考変容・行動変容や社会制度の変容を促す。

　まず、①経済のサービス化によりサービスビジネスが拡大し、イノベーションの対象は、従来の単独製品から、顧客や提供者などの価値共創を含むサービスシステムとなった。また、②問題の複雑化により、セキュリティやIoTといった科学のみで答えられないグレーゾーンの存在が指摘されている。問題解決のために、科学者や技術者だけではなく、顧客や現場の従業員などの多様なステークホルダーを巻き込むイノベーション創出の仕組みの必要性が言及されている。さらに、③情報技術が進展し、汎用技術として産業間をつなぎ、Society5.0を具現化する新しいビジネスが急激に誕生している。これらの変化は、身近な生活に影響を及ぼし、人々の思考変容・行動変容や社会制度の変容を促す。そのため、顧客・提供者・多様なステークホルダーを含む統合的なサービスシステムのデザインが求められている。

　このような状況を打破するために、人間中心視点で問題を捉えるデザイン思考や、デザイン思考を適応したサービスシステム創造の方法論としてサービスデザインが注目されている。すでにサービスデザインを取り入れ、新しい価値を創造しているGE, IBM, SAPのような大企業の取組みについて調査が進められている。

　一方、中小企業においてどのようにIoTの導入が進められるのかについては状況が十分に把握されていない。今回は、実際にIoTの導入を計画し実施する中小企業と、それらを支援するベンダー企業とともに研究会を実施し、そこから見えて来た企業の現状を報告する。

　図表4-2-1に、参加企業の概要をまとめた。

企業	創業年	従業員数	経営理念
東京電機	1920	170	「顧客第一」「品質第一」「創造的製品の開発」
日東電機	1951	151	独自の製品・技術・マーケットをもって、高付加価値・高収益を実現する中核企業
正田製作所	1952	190（海外除く）	人と人との結びつきを大切にしテクノロジーを高め、社会に貢献する。狭い分野でも世界一をめざして、誇り高き技術や集団に成長する
ダイイチ・ファブ・テック	1965	22	一流の機械に一流の技術！

図表4-2-1　参加企業の概要

4-2-1　IoT開発モデル

　IoT導入の際に考えるべき重要な観点はなんであろうか。まず、その基礎となる情報技術の開発について考えてみる。

　ICT Development Index（IDI：ICT開発指標）によると、情報技術導入の際、レディネス（ネットワーク等のインフラが整っているか、情報技術に関する情報にアクセスできるかなど）、ケーパビリティ（スキルはあるか）、使用（情報技術を活用する領域はあるか）、インパクト（達成したい目標）の4点が重要だと考えられている。実際に、情報技術は汎用技術とも言われ、それの活用なしには日常のビジネスも達成できない状況だ。

　一方、IoTについてみてみると、まだそのレベルには達しておらず、どんなことが可能になるのか、それらが自社のビジネスにとってどのような可能性を広げるのか考慮している段階だと思われる。最初の段階として、IoTによって実現する将来ビジョンの生成が重要だ。そのため、ICT Development Indexに、将来ビジョンを追加した以下のIoT開発モデルを用い、中小企業におけるIoTの活用について分析する（**図表4-2-2**）。

・ビジョン（プロセス、プロダクト、組織、調達、マーケティングの仕方や、将来の市場、未来図を描いているか）

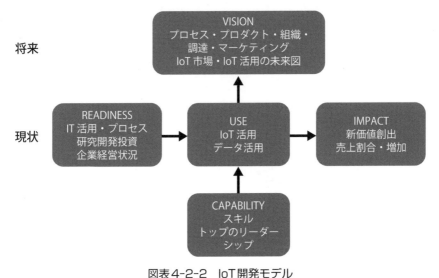

図表4-2-2　IoT開発モデル

・レディネス（ITを活用し、現状のプロセスを把握しているか。研究開発投資やそれを実施可能な経営状況であるか）
・ケーパビリティ（スキルはあるか、トップのリーダーシップはどうか）
・使用（Use, IoTやデータを活用する領域はあるか）
・インパクト（得られる新しい価値や売り上げなどの目標）

　今回研究会に参加した企業でみてみると、ほとんどの企業でIT活用も十分に実施されておらず「レディネス」は低かった。しかしながら、トップの「ビジョン」は言語化され、今後の企業が向かうべき方向性が描かれていた。ただし、具体的なIoTの活用領域やそれによるインパクトは開始当時には明確ではなかった。ビジョンを実現するためには、どこから手をつけ、何を実施していくと良いかの点では戸惑いがあった。
　研究会で実施した現場観察やそこでの質疑、IoT技術者・専門家からの知識提供を得て、実際に各社で実施している取り組みを共有し現在の課題を議論していくうちに、IoTを活用する領域が明確になって来た。各社で試行錯誤しながら、必要な技術を導入し、最終的にはIoTを「使用」する領域が定まった。一旦その領域が確定すると、反対に迅速になんでも作って試すとい

う中小企業の強みが発揮された。そのため、短い期間にIoTの適応がもたらすであろう「インパクト」が明確になった。これらの活動を通じて、彼らのなかには本来これらを実施していく「ケーパビリティ」が存在したということがわかってきた。つまり、問題発見・新しい価値をもたらす領域を特定し、必要な技術を導入さえすれば、技術を現場に埋め込み問題を解決していく馬力があったのだ。

4-2-2　IoTによるインパクト

ドイツで始まったインダストリー4.0では、まず工業におけるIoTの導入を目指した。しかし、IoTの活用は工場に限ったわけではない。工場の最適化、生産性向上だけではなく、営業や顧客、パートナーといった他の組織・企業と繋がることによって、新しい仕事の仕方や価値を創り出していくことが考えられる。図表4-2-3に示すように、これらの繋がりが、より大きなインパクトを創り出す。

今回の研究会において、各企業の現場に行き現場観察を実施した。現場には、書類が壁いっぱいに保管され、掲示板を使って情報が共有されていた。

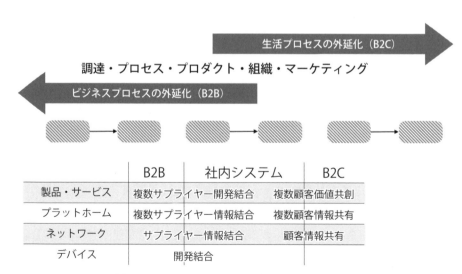

図表4-2-3　IoTによるサービスシステムの広がり

部門間に共通の情報基盤は、まだ初期段階であった。専門家との議論のなかで、受注の平準化やメンテナンスの取組みなど、他の部門や企業との連携によって生産性の向上や新しい価値の創出が可能な領域が指摘された。

部門間、企業間で連携していくためには、その基礎に情報基盤や情報活用プロセスの設置、情報標準化といった段階がある。ほとんどの企業において、情報基盤が十分でないため、部門間・企業間の連携はまだ時期尚早であり、その領域への挑戦は今後ということだ。

一方、デジタル化が進み、どこにいても現場の状況を把握できるようになると、一層個々の部門・企業の強みが問われる。これらの連携によって、より大きなインパクトを獲得するためには、それを実現するための個々の部門・企業の価値向上が必要となるだろう。

図表4-2-4では、各社がどの領域にIoTを使用しどのようなインパクトを計画しているかについて、概要を示す。

まず、特徴的であるのは、各社工場内の生産性向上から手をつけている。そこで、早期に短期間で成果を出してから、より戦略的なプロジェクトへと拡大していく。また、各企業の現場での情報技術の活用度合いによって、センサーによる機械の使用時間の計測から始めたり、機械の導入によって自動化プロセスの開発を行なったり、進め方はさまざまである。

次に、インパクトについてみていこう。IoTの活用によって、現場の情報がデジタル化されると、その価値は工場内に留まらない。例えば、東京電機では、検査工程をデジタル化することで、それによって空いた時間を、製品

企業	使用（推進プロジェクト）	インパクト
東京電機	検査工程のデジタル化・最適化	営業支援等の付加価値作業への移行
日東電機	生産管理システム（統合）、加工工程（自動化）	データ共有、自動化による競争力強化
正田製作所	生産工程のクラウドソーシング化、デジタル化	老齢化社会に適したワーク環境の提供による生産性向上
ダイイチ・ファブ・テック	機械利用の最適化	生産量の増加

図表4-2-4　参加企業の取り組み状況

の受け渡し時の顧客との対話の重視に活用した。その結果、顧客から得た情報を、次の営業へ生かす営業支援としての価値を得ることが可能になった。また、受け渡しの際、以前は書面を使って机の上の紙を見ながら顧客に正確に情報を伝えることを注視していたことから、デジタル化された情報をディスプレイに投影し顧客の顔を見ながら説明することで、従業員が顧客とコミュニケーションをする機会が増加した。その結果、従業員が自然に顧客に興味を持ち、自ら顧客の意見を聞くようになり、工場の雰囲気も変化してきた。つまり、IoT化、デジタル化が従業員の技術から顧客への思考変容を促すきっかけとなった。これらは、当初計画して実現するというよりも、導入しながら、組織自身が徐々に変化して行き、その結果、新たな予期しなかったインパクトが出現してくる。そのため、いかにこのようなプロジェクトを始めるかが重要となる。

　このように、情報技術やIoTの現場での活用のインパクトは、単に導入した領域に留まらない。それだけではなく、部門間の連携を促し、従業員の意識や企業風土を変容することも起こりうる。IoT導入によって変化するのは、従業員、プロダクト、プロセス、ビジネスモデル、そしてパートナーや顧客との関係を含む企業のエコシステムである。IoTの導入には、単なる技術中心のプロダクトのデザインだけではなく、人・組織・プロセス・ビジネスモデル・エコシステムのデザインが求められている（**図表4-2-5**）。

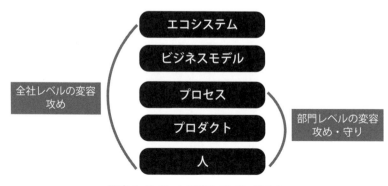

図表4-2-5　IoT導入のインパクト

4-2-3　IoT時代のデザイン

　IoTの導入には、最初にそれを推進するドライバーが必要だ。それをイニシエータと呼ぼう。今回研究会に参加された企業を見てみると、社長・会長がイニシエータであった。彼らは、はじめからIoTについて興味があったわけではない。もちろん、講演会や新聞等でIoTに関する記事を見ており、その状況については認識していた。今回の研究会への参加がきっかけとなり、IoTを自社の問題として捉え、各々ビジョンを構想した。その結果、各社でのIoT導入のビジョナリーリーダーとして最初のプロジェクトの実施を支援した。

　実際にIoTをどの領域に導入していくのかについては、推進組織が検討している。ビジョナリーリーダーが自ら推進したり、専任担当者を設置したり、1つの部門で導入をしたりしている。情報活用について抵抗感のまったくない40代課長と30代技術リーダーによって推進しているプロジェクトでは、検討から3ヶ月で導入し結果を出し始めているものもある。このような推進組織のなかに、次のビジョナリーリーダーが生まれてくるだろう（**図表4-2-6**）。

　デジタル化が進み、工場や企業内のデータが集積されると、それらを分析し、次の推進プロジェクトの設定に活用するデータサイエンティストや、新しいプロダクトやプロセス、ビジネスモデルを考案するサービスデザイナーも出現するだろう。すでにGE, IBM, SAPでは、サービスデザインを取り入

企業	イニシエータ	推進組織
東京電機	ビジョナリーリーダー（社長）	課長（兼任・課内で実施）
日東電機	ビジョナリーリーダー（社長）	社長およびプロジェクト関係者（兼任）
正田製作所	ビジョナリーリーダー（会長）	専任担当者
ダイイチ・ファブ・テック	ビジョナリーリーダー（社長）	グループリーダー（兼任）

図表4-2-6　参加企業におけるイニシエータと推進組織

れ、新しい価値を創造している。中小企業には、迅速に作って試して成果を出すケーパビリティがある。ビジョナリーダーがビジョンを示し、従業員・顧客・パートナーと共に、IoTを活用して新しい価値創造を目指して欲しい。

参考文献

1) 澤谷 由里子, 後藤 真理絵, 斎藤菜保, 成迫剛志,「サービスデザインの最前線」, 第3回デザイン研究会　報告書, 2016, pp.1-23.
2) Sawatani, Y, "Service design：Linking people, technology and business", Advances in The Human Side of Service Engineering, Springer, 2016, p.3-10.
3) Sawatani, Y, Kashino, T and Goto, M, "Analysis and Findings on Innovation Creation Methodologies", Proceedings of International Conference on Serviceology, 2016.
4) Lipsey, R, Carlaw, K. and Bekhar, T., *Economic Transformations：General Purpose Technologies and Long Term Economic Growth*, Oxford University Press, 2006.
5) ICT Development Index（IDI）：conceptual framework and methodology http://www.itu.int/en/ITU-D/Statistics/Pages/publications/mis2016/methodology.aspx（2017/8/16）

4-3
つながる工場

堀水　修

4-3-1　世界のトレンドと日本の対応

　製造業のモノづくりが大きく変化しつつある。ドイツでは第4次産業革命と呼び、米国では産業のインターネット化と呼んでいる。

　IoT元年とも考えられる2015年は、欧米の議論をきっかけに世界中に議論が飛び火した。もちろんモノづくり先端技術を有する日本でも、国が主導する「ロボット革命イニシアティブ」や産学連携で推進する「インダストリアル・バリューチェーン・イニシアティブ（Industrial Value Chain Initiative：IVI）」等で議論を開始した。

　特にIVIは、モノづくりとITが融合した新しい社会をデザインし、あるべき方向に向かわせるための活動において、それぞれの企業のそれぞれの現場が、それぞれの立場で、等しくイニシアティブをとるためのフォーラムとして、大手に限らず中堅・中小も含めて多くの企業が参加している（**図表4-3-1**）。

　IoTや自動化技術、ネットワーク技術など、高度で先端的な要素技術が時代を大きく変えようとしているなかで、得てして忘れてしまいがちなのが

IVI会員（2017/2）	大手	中小・他
正会員	76社	50社
サポート会員	29社	34社
学術会員		17名
賛助会員		14団体

合計：220社・団体、542名
Copyright 2017 (IVI) Industrial Value Chain Initiative

図表4-3-1　IVIの参加企業・団体の数

"人"の存在である。そこで、あえて"人"をクローズアップし、人が中心となったものづくりが、IoT時代にどのように変わるか、変わるべきかをIVIでは議論してきた。

ITによって、モノと情報を介した人と人との係り方、作る人と使う人との関係性を、改めて問い直し、バリューが世界の隅々に行きわたるしくみを目指して活動を拡大している。これまでは、2年間にわたり多くの企業メンバーで進めてきた議論は、読者の参考になると思われるので、本書でその一部をご紹介したい。

4-3-2　デジタル時代のつながる現場とは

1）インターネット社会の到来

これまでの10年間で、インターネット社会が人びとの暮らしや仕事のやり方を大きく変え、そして同時に、社会の成り立ちや産業構造も、大きく変わろうとしている。こうした変化のスピードはさらに速まり、これから20年後には、現在からは想像もできない世界になっていても不思議ではない。

IoTの技術によって加速するサイバー空間と、リアルな世界とが一体となった"サイバー・フィジカル・システム"が、私たちの社会を構成するあらゆる現実を飲み込んでいこうとしている（図表4-3-2）。

ものづくりでは、決して負けていないと自負している製造業の技術とその情熱は、新たに形成される競争環境のなかで、引き続き今後20年間輝き続けていられるのだろうか？　ネットワーク社会のなかで、それぞれの企業の高い現場力は、ITを活用して、さらなる飛躍を遂げることができるのだろうか？

2）つながることの意味

デジタル化が当たり前となる新しい時代では、「つながる工場」や「つながる現場」のしくみがなければ、生き残れない。ITとモノづくりが融合すると、これまでにない効率とスピードで意思決定がなされ、その流れに乗れない工場、変われない現場は、置き去りにされてしまうだろう。

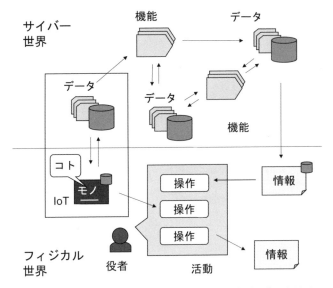

図表4-3-2　サイバー&フィジカルシステムとは

　個別のシステムをつなげることで、新たな価値を生み出した事例として、スマートフォンの位置情報と配車システムを組合わせて、タクシーを迅速に手配するサービスなどがある。つなげることで新たなサービスを高効率で高速に提供できるのである。ユーザにとっての困りごとは何かという視点と、システムをつなげることで課題が解決できないかというアプローチが非常に重要になる。

　IVIでは、それぞれの企業が抱えている課題のなかで、企業が単独で解決することが難しかった問題を、複数の企業がつながるしくみを構築することで解決するための道筋を見つける。それぞれが身を置く競争環境のなかで、あえて協調する部分を設け、その部分のモノづくりとITのしくみをメンバーとともに考えている（図表4-3-3）。

　また、筆者が所属する日立製作所でも、製造業を中心にIoTの活用が模索されるなかで、「共生自律分散」という概念でつながるシステムで顧客価値を創生していくアプローチを提供している。これまで日立は自律分散により

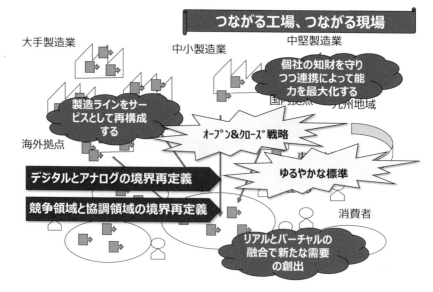

図表4-3-3　競争領域と協調領域

信頼性が高くスケーラブルな制御システムを開発し、交通システムや産業システムをさまざまな分野に適用してきた実績を持つ。

　共生自律分散では、この概念をシステムレベルに拡張し、現場で発生するさまざまなデータを収集（Sence）し、これをビッグデータ解析で分析しながらシミュレーション技術等で効果的な対策を検討・立案（Think）し、対策案を実際の現場にフィードバック（Act）することで、全体を最適化していく。

　「Sence」「Think」「Act」の各フェーズでは、映像を用いた新たなセンシング技術や、多様なデータを柔軟につなげるデータ処理基盤、人工知能（AI）を活用した分析技術、現場作業を支援するAR（Augmented Reality）技術などを提供しながら新たな価値の創出を目指している。

　共生自律分散の考え方は、複数の自律したシステムをつなぐオープンイノベーションをベースとしている。新たな価値を素早く生み出すには複数のシステムを柔軟に組合わせるSystem of Systemsのアプローチが有効である。

3) つながるためには

　さまざまな工場のさまざまな現場が、業種、業態の違いを超えてつながるためには、それぞれの仕事の形式や情報の形式を、事前にある程度そろえる必要がある。製造業の各社が、これまでは、自前主義で、すべてをゼロから作り上げていたものづくりのしくみを、共通部分は外部から調達し、自社の得意な部分のみに資源を集中するやりかたに切り替えるために、何が共通で、何が固有であるかの見極めから始める必要がある。

　ポイントは、ITと現場のしくみ、現場で産み出されている技術やノウハウの接点にある。そして、自ら働く人の要素を組み込んだシステムとするために、また、個々の現場の独自の取り組みを活かすために、緩やかな標準によってネットワーク化するための"リファレンスモデル"を構築していくことである（図表4-3-4）。これによって、個々の企業は、それぞれの得意な技術をブラックボックス化したまま、新たなエコシステムのなかで確実につながることができ、新しい時代の新しいマーケットがグローバルに展開することが可能になる（図表4-3-5）。そしてこうした取り組みを、あえて他社

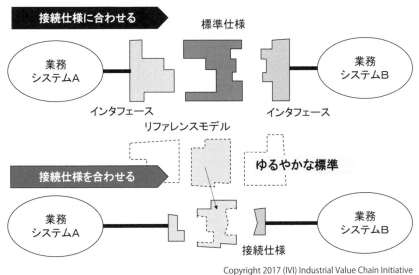

図表4-3-4　ゆるやかな標準とリファレンスモデル

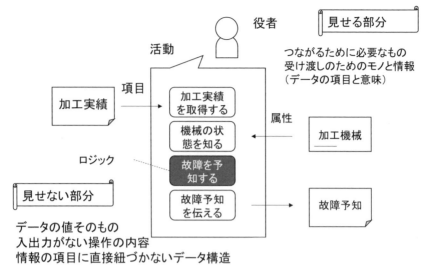

図表4-3-5　見せる部分と見せない部分

より先んじて行うことで、新しい時代のイニシアティブをとることができる。

　IVIは、「つながる工場」のためのリファレンスモデルを、企業単独ではなく複数企業が共同で構築することをサポートしている。生産技術および生産管理のネットワーク化を推進し、人と機械が共存したものづくり、個人と企業とが協調したものづくりを、革命的ともいわれるこれからの新たな潮流のなかでグローバルに展開することを目指している。

　海外の現地工場に製造現場を持つオーナー製造業はもちろん、工場に設備や機器を提供するベンダー企業、工場の仕組みをインフラとして提供するインテグレータ企業など、多くのステークホルダによってこの課題を解決することを目指している。

4）大切なのは試行錯誤とスピード感

　IVIの活動を通じて醸成されつつあるDNAが3つある。行動規範と思考プロセスに相当するものと位置づけられる。

a.「やってみてから考える」

IoT活用は、論理的に突き詰めてみても、多くの情報を集めても、所詮明確な答えのない世界である。誰もやってみたことがない世界では、じっくり考えることがあまり意味をなさない。IVIでは、「やってから考える」という行動パターンを重視している。やらなければならない、できるかどうかはわからない、ならばやってから考えるという試行錯誤的なプロセスが重要となる。

b.「答えは現場が知っている」

　今、何が起こっているのか。欧米はこれから何をしようとしているのか。私たちはこれから、何をしなければならないのか…。かき集めてきた多くの情報は、何らかのバイアスがかかっている。現地、現物、現場が大切といわれているとおり、現場でもまれた人間は、多くのことを知っている。IVI活動の知識の発信源は、現場である。

c.「意見を持てば仲間が増える」

　他人とつながるために、あるいは海外の有志とつながるために、どうすればよいのか。ものづくり現場という小宇宙において、ぶれない哲学をもち、実際にモノを作り続け、メッセージも併せて出し続ける。あえてつながりに行くのではなく、相手につなげてもらうのである。

4-3-3　工場間がつながることで得られるメリットと課題

1）工場はコト（サービス）だらけ

　一般的な工場のことを考えてみたい（図表4-3-6）。工場では資材を購入し、作業を行うワークセンタで加工をしながら製品に付加価値を付けて出荷する。モノは資材倉庫から製造現場、完成品倉庫と流れて顧客に届けられる。実際のモノの周辺を見るとモノの流れを支えるために、コト（サービス）が沢山存在することがわかる。工場のなかは、コトだらけなのである。

　通常は複数のワークセンタが仕掛品・半製品を介してつながっており、複数の工程の連続でモノを生産していく。工場や現場がつながりやすくなるということは、モノを起点としたコトのサービス化が進み、水平分業が加速する可能性が高いということである。

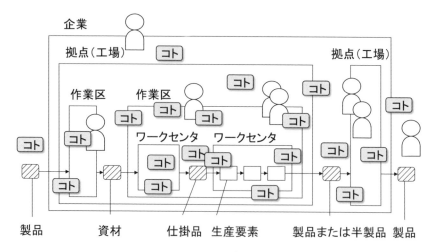

図表4-3-6　工場の中は"コト"（サービス）だらけ

　従来、ある企業や工場が、市場規模から生産規模を想定し、生産リソースの投資を行い、自社の資本でモノを作ってきた。昨今の需要変動の増加により、能力不足や生産調整などが頻繁に発生する状況では、この生産方式は投資対効果の面でリスクが高い。ましてドイツが提唱するロットサイズ1やマスカスタマイゼーションに対応するためには、一貫生産ラインよりも小回りの開くフレキシブル生産体制のほうが利点が多い。

　このような流れから、自社の投資を必要最低限の採算ラインに絞り、需要変動には簡単につながる外部のワークセンタを利用する流れが強まると予想できる。半製品の供給を受け、ワークセンタで加工し、加工品を納める水平分業構造である（**図表4-3-7**）。外部リソースを利用したい企業と、特定の生産リソースに強みを持ちワークセンタをサービスとして提供したい企業が、高効率・高速に情報をやり取りし、容易につながることができればサプライチェーンが大きく変わる。

　これまでは、系列やなじみの外注というある意味閉ざされた環境でモノづくりをしてきた企業が、モノづくりのオープン化に向かうことになる。このときに訴求点となるのが、IT化・デジタル化による差別化であろう。モノづくりの強みを持ち、デジタルトランスメーションを他社に先駆けて進めた

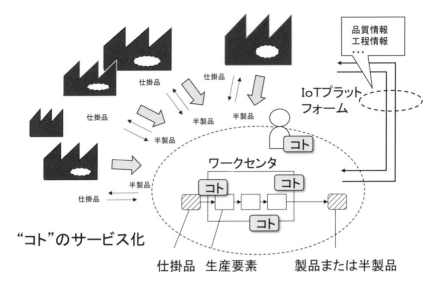

図表4-3-7　水平分業の構造

企業が、水平分業の主役としてサービス化の流れを牽引する可能性が高い。

　とはいえ、つながるための課題も多い。IoTを活用したデジタルものづくりを推進するためには、最先端の技術を活用して現場のモノづくりをIT化する必要がある。最先端の技術というのは、インフラ・デバイス・アプリ・ツール等に分類されるが、これを組合わせてつながるモノづくりを進めることは容易なことではない（**図表4-3-8**）。大手企業であれば、多くのコンポーネントを自力で組合わせてつなげることは可能であるが、これまでIT化になじみの少ない中小企業が自力でコンポーネントをまとめ挙げることは難しく、IT導入の阻害要因となっている。投資対効果を確認しながら、安く早く簡単に手戻り最小でIoT化を進めなければならない。成功のポイントについて考えてみたい。

2）現場起点・プラットフォームベースのモノづくり

　IVIの活動のベースは、現場の悩みごとを解決しようという姿勢にある。答えはすでに現場が知っている場合が多いためである。現場の悩みごとを整

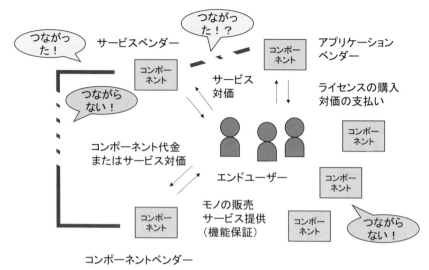

図表4-3-8　コンポーネントをつなげる苦労

理するためにIVIで用いるのが、IVIモデルによる業務シナリオの記述である。まず、悩みごとを持つ現状の業務をAs − Isモデルとして記述する。誰が何時どんな業務で、モノやコトに対しどんな作業をするのかをモデルに書き表し、課題を検討メンバーで共有する（**図表4-3-9**）。その後、コト・情報をデジタル化し、作業を機能ロジックに置き換えて、作業効率向上・業務スピードアップ・データの一元化等を検討し、あるべき姿であるTo-Beシナリオを記述する（**図表4-3-10**）。

　2015年度の活動では、記述したTo-Beシナリオをベースに、各ワーキンググループで実証実験を実施したが（図4-3-4参照）、他のテーマに展開したり、複数のテーマを連携させるには至らなかった。この反省から、2016年度はプラットフォームという概念を採用し、安く早く簡単に複数のワーキンググループで実証実験ができる環境を構築するエコシステムを模索した。

　一般的なプラットフォームにはいくつかの種類があるが、IVIのプラットフォームは仕事をつなぐアプリレベルを含むプラットフォームを指す（**図表4-3-11**）。

　プラットフォームとはコンポーネントの集合体であり、エンドユーザはコ

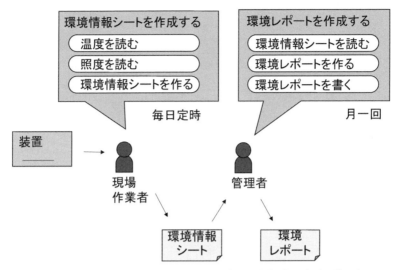

図表4-3-9　As-Isモデルのシナリオ例

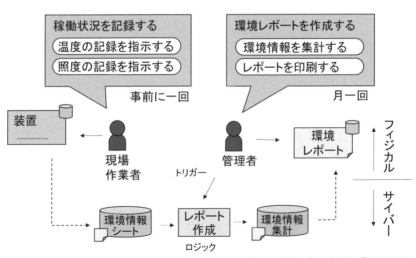

図表4-3-10　To-Beモデルのシナリオ例

第4章　中小企業がIoTを導入・活用するために

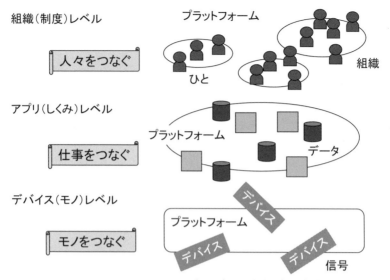

図表4-3-11　プラットフォームの種類

ンポーネントを意識することなくプラットフォーム上で簡単に安くサービスの提供を受けられる。これが業務課題（現場の悩みごと）の解決につながれば、中堅・中小企業を含めたモノづくりのデジタル化が進み、つながる工場・つながる現場の輪を大きくすることができる。

4-3-4　つながる中小企業に向けて動き出そう

　2015年以降IoTを導入すべく多くの会社がデータを繋げて情報の見える化（Sence）する取組みを進めている。だが、データを集めて喜んでいるだけでは、具体的な効果刈取りには結びつかない。この状況に満足するとIoTはバズワードになりかねない。前述したとおり、解決したい問題が決まっていて、これに対するソリューションを構築すること（Think）が大切である。集めたデータをつなげて、価値ある情報に変え、モノづくりのプロセスを制御し、常にボトルネックを把握しながら、タイムリーな対策を施す（Act）ことで、明確な投資対効果を計測することが可能となる。多くのモノづくり

がデジタル化されてくれば、CPSやシミュレータなどで将来を予見できたり、リソースの相互融通など次世代のモノづくりが見えてくる（**図表4-3-12**）。モノづくりの現場はこれまでインターネットから遠い存在だった。現場レベルのITの利活用に関して欧米と比較すれば、その差は歴然である。筆者の所属する日立製作所のある工場では、個別に作って運用しているシステムが約140もあった。まさに工場のなかはコトだらけの状態である。システムには必ずオペレータが必要になるので、モノづくりに関するすべてのデータをオペレータや各担当の業務を通じてつなげてきた。IT化・デジタル化により期待される大きな効果は、スピードと精度であろう。日立では2015年から自律分散したシステムやITツールを社内協調場と呼ばれるプラットフォーム上に集約するための環境をグループ内に構築し提供してきた（**図表4-3-13**）。容易に現行のシステム上のデータを加工したり、担当の業

	Level	実現する機能	
6	助け合う	ステークホルダとの計画連携	共生自律分散
		過不足リソースの総合融通	
5	将来を予見する	生産計画の最適化	シミュレータ
		生産指示の自動化	
4	問題を把握する	生産ボトルネック把握と対策	ビックデータ
		設計ボトルネック把握と対策	
3	流れを制御する	設備番割計画の適化	BOM
		設計工程計画の最適化	
2	繋げる	3M情報のトレーサビリティ	
		注番・作番…トレーサビリティ	
1	見える	キャッシュの見える化	データ化
		リソースの見える化	
		生産実績の見える化	
		設計実績の見える化	

出典：日立評論 2016年3月号

図表4-3-12　日立の提案する生産システムの成熟度モデル

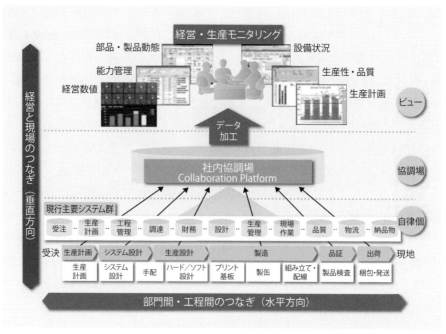

出典：日立評論 2016 年 3 月号

図表4-3-13　社内協調場を用いたデータ収集・蓄積のアーキテクチャー

務をロジック化することで、各担当の作業負荷を軽減しつつ、誰に聞かなくても情報を得られる場を作り上げようとしている。データとデータが簡単につながり分析できるようになる。ITインフラの発達で約1ヶ月という短期間で構築できる時代になった。

　本事例は、1つの工場内の現場と現場、業務と業務をつなげた事例ではあるが、このようなプラットフォームを多くの企業が利用できるようになれば、つながる工場への道はそう遠い将来のものではない。

参考文献
1) IVI, https://iv-i.org/, アクセス　2017年3月31日
2) 鬼澤 亮,「グローバル時代の多品種少量製品におけるIoTを利用した次世代生産システム」, 日立評論, 2017年3月号, pp1-2

4-4
ミッテルシュタント4.0
—ドイツのインダストリー4.0政策と中小企業

木本裕司

4-4-1　CeBIT 2017にて

　2017年3月19日、ドイツ北部の都市、ハノーファーで翌日から開かれる情報・電子機器の産業見本市CeBIT2017の歓迎前夜祭の壇上にはドイツのメルケル連邦首相と日本の安倍首相が並んでいた。ドイツの産業見本市では、パートナーカントリーを定めて、その国の元首級のゲストを招き、通常の展示に加えて当該国についてさらに掘り下げたプロモーションを行うことが通例となっている。前回、2016年のCeBITはスイスがパートナーカントリーでスイス連邦大統領のシュナイダー＝アマンが訪れた。今回、日本からはパートナーカントリーのパビリオンとしては過去最大級のジャパンパビリオンを設置し、情報技術、産業の情報化の領域で引き続き世界をリードしていくことをアピールした。

　安倍総理に帯同した世耕経済産業大臣は3月19日に独連邦経済エネルギー大臣のツィップリースと第4次産業革命に関する日独協力を定めた「ハノーバー宣言」に調印した。宣言は、その前年2016年4月28日に日独の経済産業省、連邦経済エネルギー省の次官級で取りまとめたIoTとインダストリー4.0にかかる協力に関する共同声明を発展させたものである。共同声明で謳われていた、産業サイバーセキュリティ、国際標準化、規制改革、中小企業支援、デジタル人材育成、研究開発の各項目での連携に加え、ハノーバー宣言では民間でのプラットフォーム形成、自動車産業、情報通信分野での協力を行っていくこととなった。

4-4-2　インダストリー4.0

　そもそも第4次産業革命は、ドイツのインダストリー4.0の訳語であり、ドイツはこの分野での先駆者である。2011年1月にドイツを代表するIT企業であるSAP AGの元CEOでドイツ工学アカデミー（acatech）の理事長であるヘニング・カガーマン教授とベルリン工科大学の名誉教授で連邦研究技術省（BMBF）のイノベーション研究局長のヴォルフディター・ルーカス教授、独AI研究センター（DFKI）の理事長であるヴォルフガング・ヴァルスター教授の三者が連名で連邦経済技術省に提出した書簡の中でICTを基盤としてサイバー・フィジック・システム（CPS）を取り入れた柔軟な生産様式の開発を提唱した。

　これは、動力革命である第1次産業革命、電気エネルギーを用いて分業と大量生産を実現した第2次産業革命、電子技術とITで自動生産を実現した第3次産業革命に続く、第4の産業革命、インダストリー4.0であるとして、前年の2010年に閣議決定されたドイツの国家戦略である「ハイテク戦略2020」に反映させることを書簡では求めた。

　2011年4月にハノーファーで開催された総合産業見本市ハノーファーメッセ2011でもインダストリー4.0が紹介され、ドイツでは広く知られるようになった。

　連邦政府は産官学の重鎮の提案を受けて、2012年3月にハイテク戦略2020のアクションプランで揚げられた10の未来プロジェクトの1つとして、インダストリー4.0を取り上げることを閣議決定した。応用技術に関する公的研究機関であるフラウンホーファー研究所やDFKIなどの研究機関と産業界に2億ユーロの資金を投入してインダストリー4.0を推進することが決定されたのである。

　産業界では、ドイツ工作機械工業会（VDMA）、電気技術・電子工業連盟（ZVEI）、情報産業・通信・ニューメディア産業連盟（Bitkom）の三産業団体が共同でプラットフォーム・インダストリー4.0（プラットフォームI40）を設立し、産業界における体制を整えた。産学官の連携体制の下で、CPS、

生産管理へのAI技術の導入、スマート・ファクトリーなどの研究プロジェクトが始まり、ドイツ国内では大きな期待が集まった。

　筆者が当時勤務していたジェトロベルリン事務所は、日本へドイツの熱気を伝えるために、ハノーファーで開催された工作機械の見本市EMOハノーファー2013において2013年9月17日にドイツ貿易投資振興機関（GTAI）と共同で「日独イノベーション政策ワークショップ」を開催した。しかしながら日本企業などの関心は低くワークショップにはわずかな関係者が参加したのみだった。筆者はワークショップ後に見本市会場の日本企業ブースでなぜ参加しなかったのかを聴取した。その結果、日本企業の誤解と慢心がインダストリー4.0に対する関心を鈍らせていることがわかった。以下、その時の日本企業の技術者の主な見解である。

　「ロボット、FMSなどで工場のデジタル化では日本は世界の最先端にあり、ドイツのインダストリー4.0はその後追いであり学ぶべきものはない」

　「工作機械はリアルタイム制御が必須であり、そのためには信頼性の高いストリーム通信が必要なため、遅延があったりパケットを送りっ放しだったりするTCPやUDPなどのインターネットプロトコルでの通信にはなじまない。したがって、工作機械やセルをインターネットにつないで遠隔で管理をするというインダストリー4.0は現実的ではない」

　「制御ベンダーごとに通信、機器の標準化をすでに進めており、同一ブランド内のインターオペラビリティも確保されている。企業を越えた標準化は営業戦略上メリットがない」

　インダストリー4.0は工作機械単体での数値制御（インダストリー3.0）をネットワークに延長したものという認識が大半で、IoTとしての広がり持ったCPSであるという理解に欠けていたように思われる。

　2013年の後半になって日本でも一般紙や専門雑誌がインダストリー4.0を取り上げるようになり、徐々に関心が高まった。

　2014年4月に5年ぶりの日本の総理大臣の訪独である安倍総理の訪独が実現したが、首脳会談の主要な話題は、会談の2ヶ月前に発生したロシアのクリミア併合などの安全保障問題であった。確かに、ロシアのウクライナ侵攻は、冷戦後の秩序への深刻な挑戦であってドイツはメルケル首相が陣頭に

立ってロシア、ウクライナの当事国やEUや米国との調整に当たっていたことから、安全保障問題が最重要の話題となったことは当然ではあった。そのなかで、唯一の日独の経済関係のイベントは安倍総理をベルリンに迎えたドイツ産業連盟主催の「日独中堅・中小企業セミナー」であった。主要なテーマは日本側の意向で中小企業のイノベーション、企業における女性の活用であった。ドイツの産業界ではインダストリー4.0についての関心が大いに高まっていたにもかかわらず、それには特に触れられなかった。

しかし、2015年に入ると経済産業省と連邦経済エネルギー省の間でIoT/インダストリー4.0協力に関する局長級対話が行われるようになった。日本がインダストリー4.0への取り組みを加速し始めたのは、このころからだと思われる。この間にドイツでは、インダストリー4.0の参照アーキテクチャモデル「RAMI4.0」が公表されるなど、その概念を充実させてきた。RAMI4.0は欧州のスマートグリッドアーキテクチャ（SGMA）を拡張したものだ。米国のインダストリアル・インターネット参照アーキテクチャ（IIRA）と類似した3次元のマップで各軸が製品・技術のライフサイクル、生産プロセスの階層、ネットワークの論理的な階層を意味する。インダストリー4.0は、IT、機械技術、ネットワーク、自動制御など多岐にわたる技術領域の複合的な概念であり、技術標準も各業界によってさまざまであるため、共通で議論を行う土俵が必要となり、RAMI4.0が開発された。このマップに自社の事業構造を当てはめると事業戦略の見通しが立てやすくなる。ドイツは、アーキテクチャに沿って技術の標準化を進めており、独自技術開発に陥りがちな日本も標準化の分野で日独で連携することに意義を見出すようになった。

一方、2013年9月に行われたドイツ連邦議会選挙の結果、メルケルが党首を務めるキリスト教民主・社会同盟（CDU/CSU）と自由民主党の保守系連立政権からCDU/CSUと社会民主党（SPD）による左右の大連立に政権は組み変わった。保守系連立政権によって政策に取り上げられたインダストリー4.0を野党時代のSPDは、大企業を利し、産業界をデジタル化することで労働者を疎外するものだと批判してきた。2ヶ月以上にわたる連立協議の末2013年12月に発足した第3次メルケル政権においてSPDは与党となった。

そして、連立協議を経て、インダストリー4.0を中小企業対策と労働者対策との視点を強化して推進する立場を明らかにした。SPDの支持母体は労働組合などだ。連邦副首相兼連邦経済エネルギー相の座に着いたガブリエルSPD党首はニーダーザクセン州を基盤にしており、同州に本社のあるフォルクスワーゲン社の労働組合が大きな支持母体である。インダストリー4.0そのものは、ドイツの産業競争力を強化し、熟練労働者の高齢化問題を抱えるドイツにとって必要であり、労使を問わず有益なイニシアティブであることをSPDも理解したのである。政権発足後、一年半を経て2015年6月にSPDはインダストリー4.0に関するポジションペーパー「インダストリー4.0を成し遂げる」を公表した。

4-4-3　中小企業4.0と労働4.0

ポジションペーパーにおいてSPDは、インダストリー4.0をIoT、AI、ビッグデータを活用したスマートファクトリーの中心的なコンセプトであるとして、積極的に推進していくことを謳っている。原材料、部品加工から最終製品、さらにはメンテナンスに至るバリューチェーンを網羅しているドイツの産業構造をより強化するものとしてインダストリー4.0を評価している。そのような生産現場では自律的なロボットと労働者の協働が行われる労働環境、「労働4.0」"Arbeiten 4.0"が実現すると予想している。

デジタル化により人間の労働が機械に置き換えられ失業につながること、あるいは労働者は従来よりも高度な技能を要求されるようになり労働強化につながることを危惧していた野党時代から180度転向したようにも見える。単に政権与党となったということのみならず、2011年から3年経ってドイツの社会にインダストリー4.0が浸透し、もはやインダストリー4.0を前提とした労働政策を取る以外の選択肢がないという現実的な判断からのものであろう。ネットワークやITを活用した労働がテレワークなどを可能にし、労働者のワークライフバランスの改善にも寄与するという積極的な価値も認めている。単純労働の機会が減少することは課題であるが、学校教育におけるIT教育の導入をはじめとする理数工学情報系教育の拡充による高度人材の

育成、職業教育の強化による単純労働者の底上げなどの方策を掲げている。実際に、ドイツの伝統的なマイスター教育においてもIT教育の導入などが始まっている。

中小企業対策については、ITスタートアップ企業の支援を挙げ、理数工学情報系の高等教育機関で起業に関する教育も施すべきだとしている。

財政基盤の脆弱な中小企業にとって、インダストリー4.0のためのIT基盤への投資が重荷だと当初から指摘されてきた。そのため、「ミッテルシュタント4.0」（中堅・中小企業4.0）"Mittelstand 4.0"という中小企業支援プログラムを連邦経済エネルギー省は2015年に開始した。中小企業の情報化投資のための制度融資の枠組みを作るとともに、州政府と協力して全独10ヶ所にミッテルシュタント4.0スキルセンターを開設し、インダストリー4.0に基づくデジタル化生産プロセスのデモンストレーションラインを各センターで実際に稼働させ、技術相談、経営指導、ベストプラクティスの紹介などの情報提供を行なっている。

4-4-4　インダストリー4.0の変容と日独協力

2011年に第2次メルケル政権のもとで始まったインダストリー4.0は、大企業優先、労働者疎外などの批判を浴びながらも、産業界、大学・研究機関、政府がそれぞれの思惑を抱えつつドイツの産業競争力をさらに高めるためのイニシアティブとして広く受け入れられた。IoT、クラウドコンピューティング、AI、ビッグデータなどの情報技術の革命的な進歩がインダストリー4.0の時宜とその目指すものに正当性を与えた。

米国や欧州の他の企業とのグローバルな競争、製造業のバリューチェーンのなかにおいて、中国の存在感が極めて高まっていくなかで、企業、産業ドメインの枠を超えて物流や情報・資金の連携を担保する標準化のイニシアティブをドイツが握り続けるためにインダストリー4.0は強力な武器であった。そのようなインダストリー4.0の卓越性、求心力を与党の組み替えが行われた2013年の第3次メルケル政権においても踏襲し、中小企業対策、労働者対策にも目配りされるようになった。

一方で、さまざまな思惑が交差して方向感も多様となってきたことから、2015年4月にはそれまで産業界が主導していたプラットフォームI40を連邦経済エネルギー省、連邦教育研究省、労働組合、産業界、研究機関によって運営するよう組織の改変を行った。プラットフォームI40は、米国企業が中心となって2014年に設立されたインダストリアル・インターネット・コンソーシアム（IIC）と連携して、RAMI4.0とIIRAの相互運用性を確保していくためのロードマップを作成することを2016年3月に両者は合意した。

　IICは、インダストリアルIoT（IIoT）でエネルギー、医療福祉、公共、運輸、製造の各領域間の相互運用性を確保することを目指し、プラットフォームI40は次世代の製造プロセスのバリューチェーンを具体化することを目指しているとして、両者は補完関係にあるとされている。実際には、プラットフォームI40の中核となっているドイツ企業も、IICの主要米国企業も相互にお互いの組織に参加しており、両者の様々な知見とネットワークは共有されていると見られている。

　中国とは、日本の内閣の省に当たる工業情報化部（中国語は工業和信息化部）とドイツ連邦経済エネルギー省が2015年7月にインダストリー4.0の分野で両者が協力していくことに合意した。中国は2015年5月に発表した10年間のロードマップである「メイド・イン・チャイナ2025」（中国語は「中国制造2025」）計画にインダストリー4.0のイニシアティブを反映させ、ドイツは人材育成などで協力していくことが計画されている。これは、ドイツ側から見るとドイツの製造プロセスのバリューチェーンに中国を組み込んでいくことを意味する。

　欧州域内では、チェコ産業貿易大臣とドイツ連邦教育研究大臣が中小企業分野でのインダストリー4.0での協力のための覚書を2015年10月に結んだ。プラットフォームI40とフランス未来産業連盟は合同行動計画を2016年4月に策定しユースケースの共有を図っている。イタリア産業発展省とドイツ連邦経済エネルギー省は2017年1月にインダストリー4.0について、標準化、中小企業支援、人材育成の領域で相互に協力することに合意した。二国間同士だけではなく、EUレベルではEC通信・ネットワーク・コンテンツ・技術総局（DG CONNECT）が域内中小製造業の情報化プロジェクト"I4MS"

をデジタル・シングルマーケットを目指して2013年に開始しており、プラットフォームI40と連携している。

日本とは、日本のIoTに関する産業界の取り組みであるロボット革命イニシアティブ協議会（RRI）とプラットフォームI40が2016年4月に両者が協力していく共同宣言を公表し、本稿冒頭で紹介したハノーバー宣言においても両者の協力が触れられた。IoT/インダストリー4.0分野の中小企業支援については、日独のユースケースのマップの連携、日独中小企業の相互訪問の実施が記された。

4-4-5　RIETI研究会から見た日本のミッテルシュタント4.0

今回の研究会に参加された中小企業は、いずれも高い技術力、市場での評価を得ている企業であり、CAD/CAMから加工データを抽出するような生産プロセスの情報化にも積極的に取り組んでいる。そのような企業においても、発注元からの加工図面は指図書とともにファックスで受け取って改めてCADで図面を引き直していたり、生産工程の仕掛り管理は紙の伝票やスプレッドシートを用いているのが実態であった。設計、製造段階で発揮している高い情報技術が、プロセス管理、バリューチェーンの管理、バックオフィスには活かされていないのである。インダストリー4.0は、まさにこのようなバリューチェーンを改革して、スマート・ファクトリー、CPSを実現し、間接部門の生産性の向上に資するものである。

高度なITスキルを有していても日々の経営に忙しい中小企業経営者には、政府が取り組んでいるインダストリー4.0に関する中小企業支援策が届いていないことを実感した。日独10社程度の相互訪問や国内200件程度のユースケースマップの作成も国際的なアピアランスの観点からは重要ではあろうが、地域の金融機関の関係者、税理士、会計士など、中小企業経営者と日ごろ接する関係者や企業経営者自身が、具体的で気軽に技術情報などを学ぶことが可能なドイツのようなデモンストレーションサイトなどを各地に設けることも必要だと思われる。このようなサイトは、中小企業の従業員にとってのリカレント教育の場としても活用できる。

他方、研究会に参加された中小企業の多くは、社内で社長直命のIoT導入プロジェクトチームを組織し、世代を越えた取り組みを行ったことが報告された。このような取り組みをきっかけに、国や各自治体、IoTベンダーからの情報を積極的に取り込んで社内の業務改革を各社とも進めている。国内のIoT関連情報は、まだ利用しづらい状態におかれているものも多いが、積極的に収集に取り組むことで有益な情報を得られることも確かである。

参考文献

1) 経済産業省, 第四次産業革命に関する日独共同声明（ハノーバー宣言）の詳細, http://www.meti.go.jp/press/2016/03/20170320002/20170320002-1.pdf, アクセス2017年　3月31日.
2) Prof. Dr. Henning Hagermann, Prof. Dr. Wolfgang Wahlster, Dr. Johannes Helbig, UMSETZUNGSEMPFEHLUNGEN FÜR DAS ZUKUNFTSPROJEKT INDUSTRIE 4.0, http://www.acatech.de/fileadmin/user_upload/Baumstruktur_nach_Website/Acatech/root/de/Material_fuer_Sonderseiten/Industrie_4.0/druck_einzelseiten_290912_Bericht.pdf, アクセス2017年　3月31日.
3) Platform Industrie 4.0（邦訳）日本貿易振興機構ベルリン事務所, インダストリー4.0実現戦略（翻訳版）, https://www.jetro.go.jp/ext_images/_Reports/01/c982b4b54247ac1b/20150076.pdf, アクセス2017年　3月31日.
4) der SPD Bundestagesfraktion, Industrie 4.0 gestalten, www.spdfraktion.de/sites/default/files/ansicht_02_2015_industrie_4.0.pdf , アクセス2017年　3月31日.
5) 経済産業省, 第四次産業革命に挑戦する中堅・中小製造企業への支援施策, http://www.meti.go.jp/policy/mono_info_service/mono_smart_mono/daiyoji_SME_Policy_170317.pdf, アクセス2017年　3月31日.

4-5
中堅・中小製造企業支援
―ロボット革命イニシアティブ協議会の活動

久保智彰

4-5-1　G20 Digital Manufacturing/CeBit の概要

　2017年3月16日～17日にデジタル製造に関するG20の産学官の関係者による会合が開催され、20日～24日には国際情報通信技術見本市「CeBIT2017」が開催された。ホスト国は、「インダストリー4.0（以下I4.0）」を推進しているドイツである。そのため、G20の主たる議題に「製造業のデジタル化（Digital Manufacturing）」が挙げられ、「Digitising Manufacturing in the G20 – Initiatives, Best Practices and Policy Approaches」としてカンファレンスが開催されたのである。一方、CeBITでもIoT、ビッグデータ、AIといった最新技術を各国がアピールするB to Bのための展示が行われた。

　日本へのIoT普及を目指す、「ロボット革命イニシアティブ協議会（RRI：Robot Revolution Initiative）」はこうした一連の国際会議の場で、積極的に製造業のIoT化における現況を発信した。その活動について順に説明する。

1）G20 Digital Manufacturing

　デジタル製造に関するG20の産学官関係者による会合が2017年3月16日～17日にかけてドイツ・ベルリンで開催された。

　主な開催プログラムは「全体イベントの部」・「ワークショップの部」に分かれて行われた。

　ここではRRIが登壇したパネル「産業の未来の形成：主要な機会と課題 –I4.0イニシアティブ達は如何にしてデジタル製造プロセスを進化させられるか–」およびワークショップ「産業サイバーセキュリティ」・「国際標準化」にフォーカスして紹介する。

● パネル報告「産業の未来の形成」

　このパネル報告では、各国のイニシアティブによってどのようにデジタル製造プロセスが推進できるのかについて、各代表者がその目標や課題を討論した。

　注目すべき内容としてはホスト国ドイツの技術提供であろう。IoT、AIといった最新技術を、すでに多くの企業へ導入しているという立場から、国内のみではなく、国際間での技術・知識の共有を表明している。またRRIは、後述するように日本におけるユースケースの利用拡大について発言しており、第4次産業革命の積極的な取り組みをアピールしている。ドイツの「インダストリー4.0」の考えはメキシコや韓国、スペインなども積極的に取り入れていることからもRRIも率先して多方面でも活動を行い、産業の将来的な競争に乗り遅れることがないよう注意すべきである。

● ワークショップ「産業サイバーセキュリティ」

　ワークショップ「産業サイバーセキュリティ」部門では、ドイツが議長国、日本が共同議長国を務め、その存在感をアピールした。日本では、情報処理推進機構（IPA:Information-technology Promotion Agency, Japan）により、セキュリティガイドライン構築などの活動について紹介が行われた。各国ではセキュリティマネジメントシステム（ISMS：Information Security Management System）の導入や、第三者評価認証によるセキュリティ機能の組み込みと開発プロセスのセキュア化の必要性、さらには運用におけるセキュリティ強化など意見が交わされた。これに対して会場からは、プロダクトそのもののセキュリティ・レガシーなシステムのサイバーセキュリティに対する考え方などについて質問が行われた。産業構造のデジタル化に伴うセキュリティリスクの増大に対して、I4.0のコンセプトは重要ではあるが、足元の対応から行うべきであるとして一歩一歩着実に進めていくこと必要であるとの認識が共有された。

● ワークショップ「国際標準化」

　ワークショップではサイバーセキュリティに加えて国際標準化についても

RRIが登壇している。議長国はドイツ、共同議長国は中国が担当した。

国際標準化は将来におけるIoTの利活用で重要な基盤となる分野である。各国の関心度の高いディスカッション内容について説明しよう。

国際標準化を検討する際に、これまでを振り返って好ましい事例について議題に上がった。代表的な国際標準化の事例としては携帯電話であるという意見が述べられ、またOPC-UA、STEP（Standard for the Exchange of Product model data）なども合わせて挙げられた。こうした事例をみるに、長期的なビジョンと長期的なワークが作用していると考えられるので、今後この点について考えていくことが重要であろう。また参照構造モデル（Reference Archiecture Model）を統一すべきであるのかという点に就いては、URM-MM（Unified Reference Model-Map and Methodology）の活用を推奨する国もあれば、各国のRAMを比較分析して統一すべきという意見も述べられた。

以上のパネル報告に加えて、RRIはブースでの展示も行なった。日本以外にもドイツ、中国、EU、イギリスなど16の団体による報告も行なわれた（図表4-5-1）。

各国のイニシアティブはブースを展示
ドイツ、日本、中国、イタリア、EU、英国、スペイン、など16団体

← RRIブースでは、活動紹介スライドとオンラインマップを展示

図表4-5-1　個別ブースの様子

2) CeBITおよびジャパンパビリオン
● CeBITおよびジャパンパビリオンの概要

続いてCeBITおよびジャパンパビリオンについての報告を行う（日独IoTフォーラム・日独標準化専門家会合・ドイツメッセ主催パネルディスカッション・デジタル分野における産業協力セミナー・個別ブース）。

ジャパンパビリオンのコンセプトは、「Create a New World with Japan – Society5.0. Another Perspective-」である。このコンセプトは、「日本がIoTを活かして現実に社会を変えていくというイメージをもって、ドイツを始めとした世界の国々を、そのユニークな技術と発想力で支えながら、共に新しい時代を切り開いていく」という考えにもとづいている。

ジャパンパビリオンは「Life/Office/Society」「Infrastructure/Factory」「Element」の3つのゾーンで構成されている（**図表4-5-2**）。

また今年のCeBITに関して特筆すべきことの一つは、日本政府から、わが国の産業が目指す姿を示すコンセプトとして"コネクテッド・インダストリーズ（Connected Industries）"が発表されたことである。このコンセプトは、様々なつながりにより新たな付加価値が創出される産業社会を示したものであり、例えば、

・モノとモノがつながる（IoT）

3つのゾーン構成：

Life / Office / Society（67社・団体 / ホール4）
家庭における消費者の生活、オフィスにおける働き方、街角での購買や食事など消費体験、それらを質的に変えていける商品やサービス。それを支える事業者向けのシステムやサービスを集めたゾーン

Infrastructure / Factory（35社・団体 / ホール12）
エネルギー供給や輸送、伝送などの仕組み、様々な物資を開発し、生み出す工場の仕組み、社会の様々な活動を支えるこうした活動。そのイノベーションを促すシステムやサービスを集めたゾーン

Element（16社 / ホール4）
Life / Office / SocietyとInfrastructure / Factory、両ゾーンの変化を可能にしたデバイスや素子、基礎技術などを集めたゾーン

図表4-5-2　ジャパン・パビリオンの構成

・人と機械・システムが協働
・共創する・人と技術がつながり、人の知恵・創意をさらに引き出す
・国境を越えて企業と企業がつながる
・世代を超えて人と人がつながり、技能や知恵を継承する
・生産者と消費者がつながり、ものづくりだけでなく社会課題の解決を図ることにより付加価値が生まれることが挙げられる。これは、デジタル化が進展するなか、わが国の強みである高い「技術力」や高度な「現場力」を活かした、ソリューション志向の新たな産業社会の構築を目指すものである。また現場を熟知する知見に裏付けられた臨機応変な課題解決力、継続的なカイゼン活動などが活かせる、人間本位の産業社会を創り上げることを目指すものでもある。

　もう少し具体的に説明すると、従来の、「事業所・工場、技術・技能等の電子データ化は進んでいるが、それぞれバラバラに管理されている」という状態から、「データがつながり、有効活用により、技術革新、生産性向上、

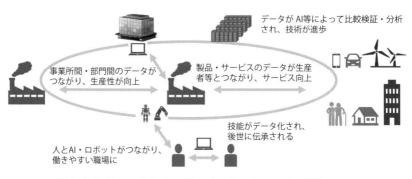

図表4-5-3　コネクテッド・インダストリーズの概観

技能伝承などを通じて課題解決へ」向かうものである。例えば、事業所間・部門間、製品・サービス間、人とAI・ロボット間などがつながることで生産性・サービス・働きやすさなどの向上を目指すものである（**図表4-5-3**）。

またRRIにおいても、この新しいコンセプト"コネクテッド・インダストリーズ"により活動の求心力を一層高めてゆけるものと考えている。

●日独IoTフォーラム

まず日独IoTフォーラムについて説明する。このフォーラムでは、日独連携協定締結後1年の成果について報告を行なわれた後に、日独専門家会合で合意文書が交わされている。

合意文書が形成された後は、主要項目ごとにディスカッションが行われている。その項目は①標準化、②セキュリティ、③中小企業支援、④R&D、⑤その他の連携である。

①標準化のディスカッションでは、日独標準化strategy paperの内容が合意された。日本側からは特にURM-MMによるリファレンスモデルの整理、工作機械におけるCyberとPhysicalの相互フィードバックの仕組みの提案がなされた。

②セキュリティのディスカッションでは、質疑の場面で、Industrial IoTが進むなか、中小企業にどのようにサイバーセキュリティを浸透していくか、という議論があり、日本側からは、企業を超えた枠組みでのサイバーセキュリティに関する情報共有の仕組みづくりと、産学官連携によりセキュリティナレッジのグローバルでの共有が必要だというコメントが出された。

③中小企業支援のディスカッションでは、ドイツ側から、中小企業等の支援施設であるコンピテンスセンター活動状況の報告がなされた上で、多くの企業がスタート地点に立ったばかりで関心はあるがリソースがないこと、パソコンが唯一のITという企業もあること、数か月企業に入り込んで実装していることなどの話が出た。一方、日本側は、ユースケースオンラインマップ、中堅中小企業向けIoTツール集、地方活動と国主導の活動の組合せなどについての紹介をした。

④R&Dのディスカッションでは、DFKIと日本企業の連携（リコー、ファ

ストリテイル、ドコモ、日立)、フランホーファと日本企業の連携（日立、レクサーリサーチ)、産総研とDFKIの連携の状況と成果を確認した。

⑤その他の連携については、ドイツ側からは、アカテックによる各国のIoT環境分析結果などが紹介された。日本側からは、日本機械学会生産システム部門における工場の将来展望を研究テーマとした「つながるサイバー工場研究分科会CPPS：Cyber Physical Production System」の活動紹介がなされた。

●日独標準化専門家会合
　日独標準化専門家会合は、CeBIT会場で同時に開催された。会合では、URM-MMの説明が日本により行われ、ドイツから高評価を得た。また日本がドイツのフレームワークをもとにしたユースケースについて検討が行われた。これはRRIが力を入れている分野でもあり、今後のドイツとの連携について協議を行った。

　次回の専門家会合も同時に約束され、今後もさらなる連携強化が推進されることが見込まれる。

●ドイツメッセ主催パネルディスカッション
　RRIはまたドイツメッセ主催のパネルディスカッションにも登壇した。ディスカッションのテーマは「Smart Everything-How Industries get Connected」と設定された。あらゆるモノがスマート化する昨今の社会において、企業・産業が如何に"つながっていくのか"が議論された。

●デジタル分野における産業協力セミナー
　また中東欧諸国でもっともIoT分野に強く関心を示すチェコとのセミナーも行われた点も特筆すべきであろう。チェコでは製造業が産業全体の24%以上を占めていることもあり、ドイツのインダストリー4.0に意欲的に取り組んでいる。特に2016年8月にInitiative Industry 4.0を発表し、その翌年の2017年2月には、教育・労働などの分野においてもIoT技術を導入するため、Society Alliance 4.0の設立が決定されている。今後のチェコの動向は当

然、日本も注視していく必要があるだろう。

なお、RRIにおいてもチェコにおけるI4.0の民間推進団体であるチェコ産業連盟（Confederation of Industry of the Czech Republic）と、今後、IoT/I4.0の分野で協力を行うことに合意し、2017年6月28日に共同声明を発表している。

●個別ブース

CeBITのジャパンパビリオンでは、各国ともに数多くの展示が行われ、技術力の高さが競われた。ドイツでは中小企業支援の一環として、ロットサイズ1デモラインを搭載した訪問実演車を展示していた。これは昨年開所したメッセ構内にあるコンピタンスセンターを発展させたものである。コンセプトとしては「中小企業は待っていても積極的なIoTの導入を行わないので、こちらから行ってインダストリー4.0の浸透を図る」というものであった。この実演車では、パビリオン見学者の名前を印字し、即座にボールペンを提供するといったデモンストレーションを行い、注目を集めていた（**図表4-5-4**）。

またRRIはジェトロブースの一角にブースを設置し、活動紹介を行った。そこではパネル展示の他、スライドショー、オンラインマップのデモを実施した。

昨年のボールペン製造デモを今年はバスの中で実施

ドイツ連邦経済エネルギー省のロゴマークが車体に

バスの内部

図表4-5-4　ドイツの訪問実演車

4-5-2　第4次産業革命に挑戦する中堅・中小製造企業支援

1）RRIによる中堅・中小企業支援

次にRRIの活動内容について概観しつつ、中核的な取り組みである、「オンライン・ユースケースマップ」および「スマートものづくり応援ツール」について説明する。

● RRI概要

RRIは、日本経済再生本部による「ロボット新戦略」の具体的な推進母体として2015年5月に発足した。ロボット革命実現に向けて、産・学・官の連携を強化していくことが主たる設立目的である。RRIの下には3つのWorking Group（以下、WG）が設定されている。そのなかで特にCeBITで報告したWG1「IoTによる製造ビジネス変革」による「中堅・中小企業AG（Action Group）」「ユースケースAG」について紹介する。

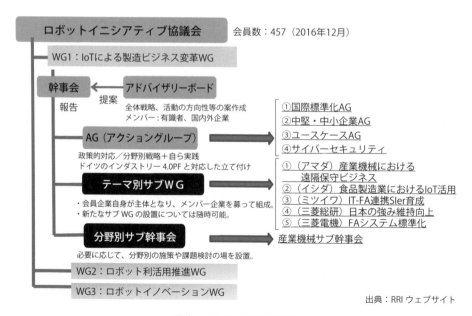

図表4-5-5　RRIの概要

図表4-5-5はRRIの活動体制を示している。RRIは3つのWGから構成されている。WG1:「IoTによる製造ビジネス変革」、WG2:「ロボット利活用推進」WG3:「ロボットイノベーション」である。まずWG1の具体的な活動について紹介する。WG1には幹事会が設置され、グループ運営の意思決定を行っている。このWG1では製造業を対象としており、個々の製造工程、製造ライン、工場全体だけではなく、製品のライフサイクル全体、さらにはサプライチェーンまでを対象としている。さらにWG1のもとには、国際標準化、中小企業支援、ユースケース、サイバーセキュリティの各AGが設けられている。特に中堅・中小企業AGでは、昨年4月に中間取りまとめを行っている（図表4-5-6）。世界的なIoTへの取り組みに日本が遅れないよう、今後も活動領域を拡大していくつもりである。

● スマートものづくり応援隊と応援ツール

「中堅・中小企業AG」について説明する。そもそもこのAGが設置された

ロボット革命イニシアティブ協議会（RRI）「中堅中小企業アクショングループ」

中間取りまとめ（平成28年4月）

➢ 「経営課題」に応じ、「解決手段」や「課題とボトルネック」を整理した上で、それぞれの対策を検討し、実行する。
➢ IoTは、経営や生産現場の課題を解消するためのツールだが、「高度で手の届かないツール」との認識は不要。それぞれの企業の身の丈に合った活用方法がある。
➢ 一方、「製品や工程の質が使っている機械のブランドで判断される」ように、IoT導入が「頼れる企業」の前提条件になり得ることを全ての中堅・中小企業が留意すべき。

主査：松島桂樹
法政大大学院客員教授

「中間取りまとめ」の方針に基づき、
以下の活動を実施（月1回程度のペースで報告会）

・IoT活用先進事例の募集・発表・共有・相互研鑽
・全国各地のIoT団体や企業・ベンダーの相互連携・ネットワーキング（ハブ機能）
・スマートものづくり応援ツールの募集・選定・公表・導入支援
・諸外国の中小企業IoT政策との連携

委員：日商（小松情報化推進部長）、大商（中野経産部長）
錦正工業（永森社長）、浜野製作所（浜野社長）、
武州工業（林社長）、今野製作所（今野社長）ほか

出典：RRIウェブサイト

図表4-5-6　AGの近況

背景は、大企業と中小企業間における最新技術導入の"難しさ"に違いがあり、中小企業の身の丈に合ったIoT等の導入が重要となるためである。というのも中小企業は、IoT・ロボットなどの技術について説明を受けることよりもむしろ、自社の課題解決に直結する活用事例、まさにユースケースにこそ興味関心をもっている。「業務内容をどのように改善したら良いのか」「どういったIoT技術が利用可能であるのか」といった運用に直接結びつく実用的な疑問が優先的な課題なのである。こうした企業の悩みを聞き、アドバイスを提供するために、経済産業省とRRIが連携して提供しているのが、「スマートものづくり応援隊」と「スマートものづくり応援ツール」である。

中堅・中小企業AGで重ねられた議論なども踏まえて、経済産業省からの支援を受けて「スマートものづくり応援隊」がまず、山形・埼玉・岐阜・大阪・北九州に設置され、いまでは全国21箇所に拡大している（平成29年8月現在）。これは、ソフトウェアやIoT、ITシステムなどを、中小企業が容易に導入できるよう、支援するための組織である。特筆すべきは、「併走型」で中小企業に専門人材を派遣し、課題に応じた改善策や技術についてアドバイスをするという特徴を持っている点である（図表4-5-7）。派遣される人材は、研修を受けているため、クオリティは確保されていることからも、今後の普及に期待している（図表4-5-8）。

一方の「スマートものづくり応援ツール」は、より低コストかつ簡易なツールの情報を中小企業に提供していこうという試みである。IoTはたしかに最新技術ではあるが、「高度で手の届かないツール」として敬遠するのではなく、経営や生産現場の課題を解消するためのルーツである。IoTは、そ

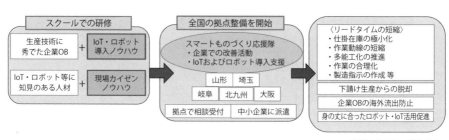

図表4-5-7　スマートものづくり応援隊の流れ

平成28年度スマートものづくり応援隊活動　（大阪・北九州商工会議所の取組み）

大阪商工会議所

取組状況
- 大阪商工会議所が「IoT・オープンネットワーク活用研究会」を開催。課題の特定、IoTに関心ある企業のネットワークを実施。
- 強い「ものづくり人材」に対し、IT、IoTを教えるパターン。まずは今期、1社を支援。
- 受講者は59〜68歳。家電メーカー、農業機械、印刷、化学分野等

運営者・アドバイザーの顔ぶれ
- 小林裕之・大阪工業大学教授（IoT・ロボット等）
- 土井滋貴・奈良高専准教授（計測工学・組込等）
- 皆川健多郎・大阪工業大准教授（カイゼン指導）

課題・今後の取組方針
- IoTツールありきでなく、経営課題を大局的に捉え、それをIoTツールとつなげて解決する能力・人材の更なる強化。
- 平成29年度は、IoTカリキュラムをより実践的なものに高度化。
- 公設試、大学等との連携強化。

北九州商工会議所

取組状況
- IoTやロボットを前提とせず、経営課題の特定、現場改善や「カラクリ」で済むところはそれで済ませる方針が企業からは好評。
- 「IoT・第四次産業革命研究会」（九州経済産業局等）にて、中小企業トップのコミットメント、トップダウンの必要性が指摘されるなか、経営者・管理者に焦点を当てて受講を推進。今期14名の多くが経営者ないし工場長。

講師の顔ぶれ
- 遠藤和雄・安川情報システムマーケティング本部 IoTコンサルティング部長
- 大坪聖・TOTO DC革新センター（生産技術本部）技術主幹兼製造革新推進グループリーダー

課題・今後の取組方針
- 同市にあるFAISとの連携構築。北九州にとどまらず、九州全体への講師派遣を検討しており、その体制構築
- 地元に産業医科大の本部があり、労働環境改善を医学理論的に検証する仕組みとの連携も今後の検討課題（無理なく働きやすい現場作り）

出典：RRIウェブサイト

図表4-5-8　スマートものづくり応援隊の事例

れぞれの企業の身の丈に合った活用方法があることをぜひ知ってもらいたいという試みである。

　RRIは、IoT先進企業が利用しているツールを収集し、中小製造企業の経営者目線で審査を実施している。審査委員会で審議を経た後、Web上で公開している。またユースケースは、中堅・中小製造業にとってより簡単に、低コストで使える業務アプリケーションやセンサーモジュールについて7つのテーマに区分している（**図表4-5-9**）。

　募集の結果は、RRIのホームページ上で公表している。その際、審査委員である中小製造企業の経営者による各ケースに対する評価コメントも掲載しているので、参考にしてほしい（**図表4-5-10〜4-5-12**）。

●オンライン・ユースケースマップの概要

　次に、国際会議の場で報告した、「オンライン・ユースケースマップ」に

1. 生産現生産現場における課題を解決するためのツール
2. 工場や企業の間で情報連携をする際の課題を解決するためのツール
3. 事務における課題を解決するためのツール
4. グローバル化に伴い、海外で展開するために役に立つツール
5. 自社製品を IoT 化するためのツール
6. データの活用全般に関わるツール
7. 人材育成の観点で活用できるツール

出典：RRI ウェブサイト

図表4-5-9　スマートものづくり応援ツールの分類

ツール（例①）スマートフォンなどの廉価な情報端末の活用

【スマートフォンを利用した機械動作情報収集装置…武州工業（株）】

○スマートフォンなどの端末に内蔵されている加速度センサーと Web サーバー上のプログラムを連動させることにより**作業状況の見える化**を行うもの。
○動作収集を行う機械の摺動部（①）に、両面テープなどを用いて端末を貼り付け（②）、端末を Web プログラムに接続し、表示プログラムにアクセスすることで（③）、機械の摺動情報をグラフ化でき、生産性の見える化を簡単に実現（④）。更に、データを CSV ファイルとして出力し、EXCEL での詳細分析も可能。
※端末は5年ほど前の旧機種でも快適に動作するためコスト数千円/台での導入が可能。

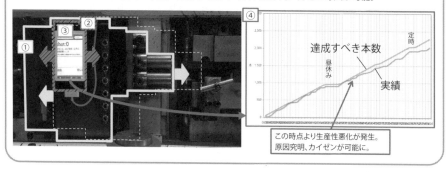

出典：RRI ウェブサイト

図表4-5-10　スマートものづくり応援ツールの事例（1）

ついて紹介する。RRIは、中核的な取り組みの一つであるこのオンライン・ユースケースマップに特に力を注いでいる。

　そもそも、オンライン・ユースケースマップとは、日本企業が実践しているIoTの活用事例を収集し、Webサイトで公開するという取り組みのことである。このwebサイトでは自社企業に合った導入事例を検索することも可能

ツール（例②）写真データを活用した在庫管理

【写真 de 在庫管理…（株）サンクレエ】

○従来、個数の手書きやエクセルへの転記入力等で行っていた在庫管理を、スマートフォンなどで**手軽に、短時間で行うことができる**ツール。企業間で**在庫情報の共有も可能**。

○バーコードや RFID、各種機器等の中小企業**にとっては大掛かりな投資は不要となり**、身近なスマートフォンを用いて 5,000 円 / 月〜、購入したその日から利用できる。また、クラウドを介して、グループ企業や協力企業の間で共有することで在庫管理に係るトラブルを減らしサプライチェーン全体の生産効率化にも寄与するものである。

○入庫時には製品の画像とともに、カテゴリ、数量を入力、出庫処理や在庫確認時はカテゴリによる検索の他、写真撮影と画像検索による絞込みが可能。

出典：RRI ウェブサイト

図表4-5-11　スマートものづくり応援ツールの事例（2）

であり、IoTを導入する際に多くの企業に活用されることを期待している。

現在ホームページでは210件の事例を公開しており、今後もその事例は増加していくと予想される。ドイツやフランスと連携を図っているため、各国のIoT事例についても検索可能である。ぜひともこうした先行事例を有効活用してほしい。

●目的

RRIがオンライン・ユースケースマップを提供する目的は、①成果の可視化、②ベストプラクティスの共有、③ビジネス協力の促進にある。第4次産業革命の波がまさにCeBIT2017でみたとおり各国に押し寄せている。日本でもこうした最新技術の導入に乗り遅れてはいけない。そのためには、個々の企業が独自に技術導入を推進するのみではなく、国との連携を行いつつも、その成功事例を共有することが重要となる。まずは情報を誰もが共有できるよう「見える化」を進め、企業間の連携が可能となるよう、バックアッ

ツール（例③）写真や動画を活用した効率化・情報共有

【Teachme Biz…（株）スタディスト】

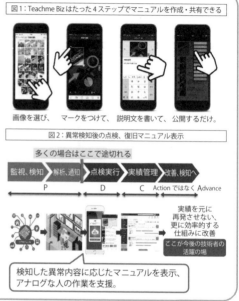

- ○スマホやタブレットなどの身近なディバイスで、**簡単にマニュアル作成・共有ができ、機械化、自動化できないノウハウの伝承に役立つ**クラウドサービス。
- ○製造現場や間接部門での多様な業務手順を
  - ①写真や動画を撮影し、並べる。
  - ②強調したい点を画像内にマーキングする
  - ③説明文を記入する
  - ④共有する
  の**4ステップ**で簡単に作成・共有することができ、**マニュアルの"四重苦"（作成、配布、更新、管理）の解消**が可能。（図1）
- ○また、写真や動画主体となるため、特定定言語に依存しない（非言語化）が可能となり、海外展開時または外国人スタッフの受け入れ時にも有効。
- ○新サービスとしてセンサーと組み合わせ、異常検知とともに**点検、復旧対応マニュアルを呼び出す仕組**

出典：RRI ウェブサイト

図表4-5-12　スマートものづくり応援ツールの事例（3）

プ体制を整備していく必要がある。

　実際こうした活動は、「CEATEC JAPAN 2016」（Combined Exhibition of Advanced Technologies）でその暫定版を公表し、正式版をすでに述べたように「CeBIT 2017」で公表した。今後はドイツおよびその他IoT推進国と連携をとりつつ、IoT活用知識の蓄積を進めていきたい。

　　　　　（久保智彰のインタビュー内容をヒアリングして井上雄介が執筆）

おわりに

　研究会に参加された方々には大変申し訳ないが、私は今回の研究会を始めるに当たって、正直、確たる見通しがあったわけではない。おそらく、試行錯誤の手探りになるだろうと思っていた。モデルケースを取り上げるという手法は有効なのか、研究会という手法で大丈夫なのか、狙ったとおりの成果が出るのだろうか、などなど不安は尽きなかった。参加されたモデル企業の方々も、研究会を主催する私の方も、みんなが試行錯誤だったのだ。

　だが、モデル企業の方々は、1年経た今、IoT導入のノウハウを手に入れた。今回、研究会と同時並行的に進めた第一弾のIoT導入は、ほんの小さなステップかもしれないが、今後、第二、第三のIoT導入のステップでは、もはや試行錯誤することなく、目標に向かって最短距離で一直線に進むだろう。それと同様、私としても、中小企業への円滑なIoT導入をサポートするノウハウを手に入れた。この研究会は、2017年度、2年目に入るが、もはや研究会の進行において、試行錯誤することはないだろう。

　来年度、当研究会は以下のような進め方をする。日本全国の地方自治体商工部門、公設試、産業支援機関等の方々に公開したい。以下はほんの10行程度でしかないが、これがこの1年間で得た中小企業への円滑なIoT導入を支援するノウハウのすべてである。

① 　モデル企業の視察
② 　モデル企業が抱える「課題」をすべてテーブルに出す
　・IoTシステム提供企業の3委員および有識者委員が「課題」と考えるもの
　・モデル企業が「課題」と考えるもの
③ 　モデル企業が、テーブル上の「課題」の中から実行するものを選択
④ 　「課題」を「データ/IoT」を用いて「解決」する方法の検討と決定
⑤ 　投資金額の想定、投資対リターンの試算
⑥ 　投資の是非の決定
⑦ 　ITベンダー/システムインテグレーター企業の決定
⑧ 　IoTシステム導入、効果の計測

ところで、私は、研究会に参加されるモデル企業と、必ずしもきちんとコミュニケーションをとってきたわけではなかった。モデル企業が、どのような思いで研究会に参加されていたのか、本の執筆のためのインタビューを通じて始めて知ったことも多かった。恥ずかしながら、インタビューで語られた言葉をもって、はじめて各社の思いを知ったといっても過言ではない。だが、そのなかに、驚くような言葉や強く印象付けられた言葉がいくつかあった。

　最も響いた言葉は、「もし研究会に参加していなければ、IoT導入はできなかっただろう」という言葉である。「どうしようか、と悩んでいるうちは、新しい技術を導入することはない」「早く取り組むと、それだけノウハウが蓄積する、それが競争力になる」「誰も、やれ、とはいってくれない」とのことだった。私は、研究会の運営の必要上、単に「次の研究会までに、〇〇〇をやってきて欲しい」「次の研究会で×××を発表してください」などといっていただけだったが、それがモデル企業には、「そのような追い立てられる状態に置かれたからこそ、できた」「ぬるま湯の中小企業では、自分たちだけではとてもできなかった」とのことだった。

　もう1つの響いた言葉は、「社長がやれ、といってくれたからこそ、できた」という言葉である。東京電機では、似たようなアイデアが社員の間で浮かんでは消えていたという。社長から、「研究会に参加して新しいことにチャレンジしてみろ」という声があったからこそ、IoTが実現できたという。第1章で成功事例として、三浦工業、キュービーネット、旭酒造を挙げたが、これら3社も全く同様、トップの強い牽引力で社員を引っ張っていったからこそ成功したのである。逆にいえば、IoT投資は、中小企業にとって経験が無く、社内に理解者が極めて少なく、しかもそこそこの投資金額が必要であることから、社長のリーダーシップなくしては、実現できない種類の投資なのである。

　さらに日東電機からは、「IoT導入のために色々と試行錯誤した、その試行錯誤こそがノウハウである」「IoT導入の完成形を他社に惜しげもなく公開する企業は、そのノウハウを真似されないという絶対の自信があるからだ」との言葉があった。IoT導入の成功企業に多くの見学者が押し寄せてい

るが、それを真似する企業が1社も現れない理由がわかった。

　この点から言えば、「試行錯誤のノウハウ」を日本の中小企業向けに公開する本書は、献身的なモデル4社の善意で成り立っている。本書の読者は、本書の価値を十分に認識していただきたい。

　インタビューのなかでも、「他社の検討状況を知ることができたことは良い参考になった」という言葉があった。モデル4社が研究会で、お互いに「試行錯誤のノウハウ」を出し合い、情報を共有化すること自体が、有益であったということである。

　中小企業のIoTは、社長の掛け声の下、とにかく、何でもいいからやってみようとすることである。

　正田製作所は、「研究会に参加したお陰で、将来に向けた大きな戦略が明確化しつつある」「もし研究会に参加しなければ、戦略は出て来なかった」「目を開かせてもらった」「当社にとっての大きな転換点となった」「これで、世界で通用する生産方式を作り上げていける」とのことである。

　正田製作所は、IoT導入のために技術部職員を1名専属に当てる。その業務内容は、生産技術を理解した上で、得られたデータを処理し、見える化すること、それに伴って生産工程のみならず、必要な社内の体制をも再設計するとのことである。聞けば聞くほど、その業務内容は「デザーナー」「データサイエンテイスト」そのものである。同社は、そのような言葉は聞いたことがなく、概念さえも知らなかったとのことだが、同社が自身で考え出して生まれた業務内容が、正に、「デザーナー」「データサイエンテイスト」であったことは驚きであった。

　ダイイチ・ファブ・テックは、「大企業のIoTは素晴らしい、自分の会社もお金があれば入れたい、だが大企業と中小企業では大きな差がある」「大企業を見て、自分の会社には無理だと諦めてはいけない」「自分の身の丈に合ったIoTを入れることが重要」との言葉であった。また「自動運転車は数年後には現れる、そのとき自分の会社が作る部品は本当に必要とされるのだろうか」という危機意識を持っていた。

　日東電機は、IoTは、Internet of Thingsの言葉通り、インターネットに接続しなければならないものだと思い込んでいたとのことだった。だが、私

の講演を聞いて、工場の内部だけでネットワークが閉じても構わないことがわかったため、研究会に参加したとのことである。私は、この言葉を聞き、日本全国に、言葉の誤解から、IoTを導入せずに、時代の潮流に取り残され、競争力が低下する中小企業が、かなりの割合で存在しているのではないかと思った。

　正田製作所も、私の講演を聞いたことが転機であったとのこと。同社は、IT技術で後れをとっていることは感じていたが、私の講演を聞き、「IoTとはそういうことか」、とイメージがわいたとのこと。

　2017年度、当研究会は以下の研究課題を掲げて議論を行っていこうと考えている。
(1)　中小企業向けIoT導入支援を行う専門家の育成のあり方

　中堅・中小企業向け「デザイナー」「データサイエンティスト」を育成するにはどうすればいいか、を検討する。現在、日本が最先端で世界と競う大企業向けの「デザイナー」「データサイエンティスト」をどうすればいいかという点は、各所で議論が始まっている。だが、日本で中小企業向け「デザイナー」「データサイエンティスト」を育成するにはどうすればいいか、については、まだどこでも議論がなされていない。そこで、当研究会で検討する。
(2)　2016年度対象とした「機械系製造業の工場のなか」以外のケーススタデイ

　2016年度検討が行われなかった「機械系の製造業の工場のなか」以外の業種などのモデル企業を新規に募集して参加していただき、検討対象を初年度よりも若干幅を広げ、さらにケーススタデイを積み重ねる。

　上記（1）の検討課題を取り上げる理由は、当研究会における1年間の活動経験から来ている。すなわち、当研究会を通じてわかったことは、
　1　企業が抱える「課題」を見いだすこと
　2　「課題」の「解決策」を見いだすこと

以上、2点が、中堅・中小企業向けIoT導入の最も重要なポイントであることがわかった。しかも、1社ずつすべて「課題」「解決策」が違うというケースバイケースに対応しなければならない。この業務を担う高度な専門家を組織的に養成すること、そして「課題発見」「課題解決」の業務を組織的に進めるためのノウハウを蓄積することが必要である。その高度な専門家は、世間では、「デザイナー」「データサイエンティスト」と呼ばれている。

　研究会開始当初は、中堅・中小企業に共通する「課題」が何か存在するのではないか、もし共通の「課題」が存在するのであれば、それを「解決」するためにカスタムメイドの「プラットフォーム」のようなものを開発し、用意しておけばいいのではないか、と考えていた。だが、研究会が始まったとたん、その考えは大きな間違いであることがわかった。4社に共通する「課題」など存在せず、ましてやカスタムメイドの「プラットフォーム」のようなものなど、いつの間にか、研究会での議論から飛んでしまっていた。最終的にたどり着いた結論は、1社ずつ全て「課題」「解決策」が違うというケースバイケースに対応しなければならないこと、そして、その業務を担う「デザイナー」「データサイエンティスト」の養成が必要である、という点であった。

　ただし、上記2「課題の解決策を見いだすこと」という点においては、必ずしもIoT導入を前提としないことである。たとえば、作業員が2時間おきに立ち寄って紙に書き取るくらいの数字の精度でも十分であれば、なにも敢えて数百万円を投じてセンサーやライブカメラなどを設置する必要など全く無い。課題解決によって得られるリターンを前提として、それに相応しい投資金額を考えることが重要である。こうした投資対リターンにより、必要なデータの精度を考えることも、「データサイエンティスト」の重要な役割である。

　企業は繰り返し「カイゼン」活動を続けてきた。IoT導入も、その「カイゼン」活動の一環でしかない。いま行おうとする「カイゼン」のなかで、

IT技術を使えば、それを人はIoTと呼び、IT技術を使わなければそれはそれで構わない。真の目的は「カイゼン」であって、IoTはそのための単なる1つの道具でしかない。

　第4次産業革命は、日本にとって決してバラ色ではない。日本以外の国にとっても大きく飛躍するチャンスでもある。世界中が、第4次産業革命という劇的変化のなかで勝ち残ろうと、必死で智慧を絞って投資競争している。外国が、第4次産業革命の波に乗って大きく羽ばたくなかで、日本のみが現状維持を続けていれば、世界との格差は益々広がるばかり。Reform（改革）とRevolution（革命）は違う。歴史を振り返れば、緩やかな変化では社会構造はほとんど変わらないが、社会的に大きなショックの中では社会構造は劇的に変わる。系列の傘下で、親企業に守られて安穏としていると、いつ、親企業がグローバル競争に負けて市場から撤退するかもしれない。過去数年の新聞を読めば、大企業であってもいつ何があるかわからない時代であることがわかる。日本は、危機感と覚悟を持って第4次産業革命に取り組まないと、グローバル競争から脱落するかもしれない。

　それでは東京電機の言葉を最後に、本稿を終えたい。同社は、従来、立会検査時に顧客の様子もあまり見ず検査成績表を説明していた。しかし、社員にタブレットを持たせ、会議室にプロジェクタを入れたところ目線が変化し社員が前を向いて説明するようになったことで顧客の表情が見え、顧客の要望に応えようとするようになった。接客の考え方も変化し、立会時の工場見学も工場全域を回るようになり、今まで顧客が来ない場所も見学するため、社内の元気な挨拶も定着し、ある顧客から「以前と変わった、まるで別の会社のようだ」と言われたりと、社内の雰囲気まで変わったとのことであった。私を含めIoT専門家は、IoT導入がもたらす直接的な効果だけを考えてきたが、社内の雰囲気まで変えてしまうような力があったとは、驚きとしかいいようがない。

岩本　晃一

【編著者紹介】

岩本　晃一（いわもと　こういち）

独立行政法人経済産業研究所　上席研究員　日本生産性本部
略歴：1958年香川県生まれ、京都大学卒、京都大学大学院（電子工学）修了後、1983年通商産業省入省、在上海日本国総領事館領事、産業技術総合研究所つくばセンター次長、内閣官房内閣参事官等の後、2015年11月から現職。2014年から一橋大学ICSのMBAプログラムにてゲスト・レクチャラー。
主な著書：『洋上風力発電』日刊工業新聞社2013、『インダストリー4.0』日刊工業新聞社2015、『ビジネスパーソンのための人工知能』東洋経済新報社2016（共著者：松尾豊（東京大学教授）他）

井上　雄介（いのうえ　ゆうすけ）

独立行政法人経済産業研究所リサーチ・アシスタント／東京大学大学院経済学研究科博士課程在籍

【執筆者一覧】五十音順

角本　喜紀（かくもと　よしき）

株式会社　日立製作所　産業・流通ビジネスユニット　企画本部
略歴：1989年日立製作所入社。研究開発本部にてCAD/CAE、鉄道運行管理、スマートグリッドなどの研究開発業務に従事。現在、研究開発企画業務に従事。博士（情報学）。

木本　裕司（きもと　ひろし）

トーヨーカネツソリューションズ株式会社　エグゼクティブ・フェロー
略歴：東北大学工学部通信工学科卒業後、通商産業省に入省。大臣官房情報システム厚生課長、内閣情報セキュリティーセンター参事官等の後、2011年7月より3年間ジェトロ・ベルリン所長としてドイツのインダストリー4.0の動向などを調査。2015年10月、トーヨーカネツ株式会社に入社。2017年7月より現職。

久保　智彰（くぼ　ともあき）

ロボット革命イニシアティブ協議会　事務局長

高鹿　初子（こうろく　はつこ）

富士通株式会社ものづくりビジネスセンター、中小企業診断士
ロボット革命イニシアティブ協議会（RRI）IoTによる製造ビジネス変革WG中堅・中小企業AGメンバー
インダストリアル・バリューチェーン・イニシアティブ（IVI）クロスインダストリ委員長

澤谷　由里子（さわたに　ゆりこ）

名古屋商科大学大学院マネジメント研究科ビジネススクール教授、Center for Entrepreneurship Director
略歴：東京工業大学大学院修了。東京大学大学院総合文化研究科Ph.D（学術博士）。日本アイ・ビー・エム株式会社入社、情報技術の研究開発および戦略に携わり、2005年からサービスサイエンス研究に従事。2013年4月早稲田大学教授を経て、現職。経済産業省　産業構造審議会　商務流通情報分科会「情報経済小委員会」、「攻めのIT投資評価指標策定委員会」委員等。INFORMS Service Science Editorial Board、サービス学会理事、研究・イノベーション学会理事、早稲田大学大学院経営管理研究科非常勤講師、ナノ・ライフ創新研究機構客員上級研究員等を兼任。専門分野は、サービスサイエンス、サービスデザイン、R&Dマネシジメント、技術経営。

波多野　文（はたの　あや）

独立行政法人経済産業研究所リサーチアシスタント／高知工科大学客員研究員
略歴：奈良女子大学文学部卒。名古屋大学大学院環境学研究科にて博士（心理学）取得。民間企業の研究員やモナッシュ大学マレーシア校の客員研究員を経て現職。

藤田　英司（ふじた　えいじ）

三菱電機FA産業機器株式会社　ホイスト営業部　東日本支店　支店長
三菱電機株式会社　FAシステム事業本部e-F@ctory戦略プロジェクトグループ専任（2016年12月31日まで）

堀水　修（ほりみず　おさむ）

株式会社日立製作所　IoT推進本部　担当本部長・（一社）IVI　理事
略歴：
1988年4月　㈱日立製作所入社　本社生産技術部配属
1992年9月　カーネギーメロン大学　ロボティクスインスティテュート　客員研究員
2005年4月　日立中国有限公司　モノづくり技術センタ　センタ長
2013年10月　㈱日立製作所 Smart Transformation強化本部　サブプロジェクトリーダ
2014年4月　㈱日立製作所　モノづくり戦略本部　担当本部長
2017年4月　㈱日立製作所　IoT推進本部　担当本部長　現在に至る

（2018年4月1日時点）

中小企業がIoTをやってみた
試行錯誤で獲得したIoTの導入ノウハウ

NDC335.35

2017年9月15日　初版1刷発行
2018年4月27日　初版2刷発行

（定価はカバーに表示してあります）

Ⓒ　編著者　　岩本　晃一
　　　　　　　井上　雄介
　　発行者　　井水　治博
　　発行所　　日刊工業新聞社
　　　　　　　〒103-8548　東京都中央区日本橋小網町14-1
　　電　話　　書籍編集部　03（5644）7490
　　　　　　　販売・管理部　03（5644）7410
　　ＦＡＸ　　03（5644）7400
　　振替口座　00190-2-186076
　　ＵＲＬ　　http://pub.nikkan.co.jp/
　　e-mail　　info@media.nikkan.co.jp
　　印刷・製本　新日本印刷㈱

2017 Printed in Japan　　　　落丁・乱丁本はお取り替えいたします。
ISBN 978-4-526-07744-9

本書の無断複写は、著作権法上の例外を除き、禁じられています。